A BRIEF HISTORY

契丹
简史

张正明 著

OF QIDAN

中华书局

图书在版编目(CIP)数据

契丹简史/张正明著. —北京:中华书局,2019.11
ISBN 978-7-101-14155-9

Ⅰ.契… Ⅱ.张… Ⅲ.契丹-民族历史 Ⅳ.K289

中国版本图书馆 CIP 数据核字(2019)第 211946 号

.

书　　名	契丹简史
著　　者	张正明
责任编辑	傅　可
出版发行	中华书局
	(北京市丰台区太平桥西里 38 号　100073)
	http://www.zhbc.com.cn
	E-mail:zhbc@zhbc.com.cn
印　　刷	北京市白帆印务有限公司
版　　次	2019 年 11 月北京第 1 版
	2019 年 11 月北京第 1 次印刷
规　　格	开本/920×1250 毫米　1/32
	印张 8　插页 2　字数 160 千字
印　　数	1-6000 册
国际书号	ISBN 978-7-101-14155-9
定　　价	28.00 元

出版说明

　　"契丹"虽已消失在了历史长河之中，但它曾经存在过的种种文化痕迹早已融入中华民族的血脉。早期文化语境下的"他者"，最终变成了"我们"。这种不断融合的历史进程，将中国塑造成了统一的多民族国家，并屹立于世界。在这个意义上讲，了解一个民族的历史，也是了解我们自己。

　　《契丹简史》原名《契丹史略》，为张正明先生力作，1979年在中华书局出版。此书虽为40年前所著，但其内容细致、结构完备、语言晓畅，对契丹民族的发展、演变、衰亡有着清晰的梳理，同时不乏对经济、土地、人口、社会、外交、文化等问题的深刻洞见与阐释，今日读来仍毫无滞涩之感。虽因成书年代较早，书中文字带有时代印记，引用文献与注释体例也与如今通行做法稍有差异，但无损其价值。张正明先生已于2006年逝世，为尊重逝者，此次再版，我们在尽可能地保留原貌的基础上，查核引文，修正错讹，以飨读者。

中华书局编辑部

2019年10月1日

目　录

引 言

　　自从强大的唐朝灭亡之后，在我们祖国的北方地区，有契丹、女真和蒙古相继勃兴，形成了一浪高于一浪的历史洪流。契丹在唐末以前，可稽考的历史约有五个半世纪，这是契丹的原始公社时期。在这段时间里，契丹从一个微弱的部落集团，壮大成为强有力的部落联盟，又进而发展成为一个土广民众的边疆民族[①]。

　　这个民族所建立的王朝就是辽朝，当五代初期中原的藩镇混战方酣之际，它崛起在辽水的上游[②]。辽朝是以契丹贵族为主，并联合了燕云地区的汉族豪强地主以及奚和渤海的贵族而组成的封建国家。

　　辽朝大体上与五代相始，而与北宋相终。它和五代、北宋有多方面的联系，彼此间虽发生过一系列的战争，但也曾经有长时间的和好往来。可以说，辽朝在某种程度上关系到当时中原王朝的盛衰乃至兴亡。

　　辽朝灭亡之后，有一部分契丹人在耶律大石的统率下西行，

---

①本书使用的"民族"一词，是广义的。

②辽朝起自916年（是年辽太祖耶律阿保机即帝位，先是阿保机于907年即可汗位），亡于1125年。其国号初为契丹，947年改称辽，933年复号契丹，自1066年起又改称辽。本书为了行文的方便，依从故例，统称之为辽。

又在中亚细亚建立了一个王朝,是为西辽①。

　　本书试图对契丹社会制度——主要是辽代契丹的社会制度作初步的探讨,顺便把史料梳理一下,谈谈契丹的勃兴,辽朝的创立、发展、衰败和灭亡,辽朝与五代、北宋的关系,金、元两代的契丹,以及其他密切相关的问题。西辽是在和契丹故土不同的历史条件下建立的,须另做专门研究,姑不纳入本书论述范围之内。

―――――――――――

①西辽即哈剌契丹,亦即黑契丹,其立国年代是1132年至1218年。

第一章

原始公社时期（四至九世纪）的契丹

一、族源和历史概况

1. 契丹的族源

契丹源出鲜卑，是鲜卑宇文别部的一支。

鲜卑的宇文部、慕容部和段部初成鼎足之势，宇文部据辽水上游，慕容部据辽水下游迤东地区，段部在宇文部之南、慕容部之西。四世纪初，慕容部单于慕容廆招纳汉人，发展农业，吸收汉族文化，其势寖强。子慕容皝继立，自号燕王。东晋咸康四年（338），慕容皝连结赵王石虎，击灭段部。东晋永和元年（345），复北攻宇文部，大破之，俘其民五千余落。宇文部单于逸豆归走死漠北，其残部分为契丹和奚（库莫奚），所以《魏书》把契丹和奚并称为宇文别部。北魏登国中，奚和契丹相继为北魏所破，从此分背。

旧史亦有说契丹是匈奴遗种的，见于《册府元龟》《旧五代史》及《宋会要辑稿》等书。我们知道，鲜卑的族系相当庞杂，其中确实包含着大量的匈奴余众，宇文部自非例外。而且，宇文部的统治者先世是南匈奴的贵族。由此看来，似乎的确存在着一条可以把宇文别部同匈奴遗种连结起来的线索。但是，那些改号鲜卑的匈奴残部后来都混合并逐渐消失在鲜卑里面，宇文部的统治者也成为鲜卑贵族了。无视于这个变化，而把鲜卑宇文别部之一的契丹称为匈奴遗种，我看是没有充分理由的。契丹有一个传说，认为始祖发迹在木叶山；还有一个迷信观念，认为死后灵魂要回到黑山去。木叶山和黑山都在鲜卑故地，这也可以帮助说明契丹确实源出鲜卑，并非匈奴遗种。

关于契丹的民族起源，大致有如上述。至于契丹的种族系属，则尚难判定。阿别雷·列缪查、克拉普罗特、哈奥斯及白鸟库吉等，都从语音比较入手，来考求契丹的种族系属。或认为是蒙古种，或认为是通古斯种，也有的认为是蒙古及通古斯的混合种。他们引以为据的只有寥寥无几的几个词，还不能揭示出契丹语的基本特征。立论的根据既不充足，乃遽而作出人种学上的推论，自难令人信服。他们因区区数语之异而各执一说，聚讼纷纭，也就不足为怪了[①]。

契丹这个族号的涵义，现在普遍的说法是镔铁或刀剑的意思（亦见《契丹名号考释》）。

2. 契丹的辗转流徙，以及契丹同中原地区和北方各族的关系

从四世纪中至十世纪初，即在辽朝成立之前的五个半世纪中，契丹的历史可略分为三个时期：自东晋永和元年至唐贞观元年（345—627）为古八部时期（古八部时期的起年可能稍晚于345年，迄年则可能稍早于627年），自唐贞观二年至唐开元十八年（628—730）为大贺时期，此后至后梁开平元年（907）为遥辇时期。

契丹最初分布在辽水流域以北，约经三四十年后，人畜渐旺，始推进到辽水流域。这时，契丹分为八部，每部又分为若干牧民聚落。

---

① 冯家升《契丹名号考释》："夫语言文字，固不失为研究之一径。然契丹字存于今者，不过只鳞片爪，至今学者无一能通其音义。诸氏仅就少数之字，骤定为某种某族，非的论也。"

北魏在初兴时,曾一度与契丹交战,契丹失利①。从北魏太武帝时起,契丹岁致朝献。北魏显祖时,契丹使者何辰来朝,"班飨于诸国之末"(《魏书·契丹传》)。当时,契丹虽尚不为朝廷所重,但它通过频繁的贡赐和互市,加强了与中原人民的经济政治联系。

北魏太和三年(479),契丹惧受高句丽的侵轶,有几个部落南迁至辽水下游以东。北齐天保四年(553),北齐大举击契丹,俘其民十余万口,获杂畜数十万头,又破其别部。此后半个世纪,是契丹的多事之秋。突厥攻击契丹,役属其大部,另有小部约万户避走高丽。隋初,契丹款塞来附,居于故地。隋开皇六年(586),契丹"诸部相攻击"(《隋书·契丹传》),这次内乱的起因不明,可能是因为争占牧地。不久,契丹别部出伏等率众来附,另有别部四千余家背突厥来降,于是部落渐众,依托纥臣水(土河)而居,东西五百里,南北三百里,分为十部,兵多者三千,少者千余。隋大业元年(605),隋朝联合突厥可汗偷袭近边放牧的几个契丹部落,"尽获其男女四万口,杀其男子,以女子及畜产之半赐突厥,余皆收之以归"(《资治通鉴·隋纪》)。自从受到这次惨酷的打击,契丹又"中衰"了。

唐朝的成立是契丹复原和壮大的转机。唐初,契丹主要分布在西喇木伦河以南地区,胜兵四万三千,族势略振。唐高祖和唐

---

① 《魏书·契丹传》:"登国中,国军大破之,遂逃迸,与库莫奚分背。"同书《太祖纪》此曰:登国三年,"北征库莫奚……大破之"。无片言及契丹,他史亦未载北魏击契丹一事,则《魏书·契丹传》所记似误。但《太祖纪》云魏军破奚后"渡弱落水",弱落水即西喇木伦河,魏军既渡此河,当曾与契丹交锋,《传》可补《纪》之不足。

太宗都采取回护契丹并利用契丹来钳制突厥的政策。唐贞观二年（628），契丹背离突厥，归附唐朝。这时，契丹已形成部落联盟，联盟首领由大贺家族世选。唐贞观二十二年（648），唐朝设立松漠都督府，即以契丹联盟首领窟哥为都督，隶东夷都护府。同时，契丹诸部各置州，以诸部酋长为刺史。从这时起，契丹就正式归属于中原王朝的行政建置了。

武则天执政时，边将侵侮契丹，契丹屡败唐军。唐朝袭用隋朝的策略，联合突厥夹攻契丹，契丹大溃。约三十多年后，契丹部落贵族内部的不同集团之间爆发了激烈的斗争，结果是在唐开元十八年（730）由遥辇家族取代了大贺家族。唐天宝十载（751），当时任平卢兼河东、范阳节度使的安禄山引兵六万（一说十万）击契丹，轻进中伏，几至全军覆没。安史之乱以后，契丹朝献无常，间或与卢龙戍军发生冲突。从大体上说，契丹与唐朝的关系是和好的。回鹘（唐贞元四年〔788〕以前称回纥）在唐天宝四载（745）击灭突厥之后，曾经把契丹置于它的统治之下。唐会昌二年（842），契丹在唐朝的支持下，奋起反抗，解脱了回鹘强加在他们身上的枷锁。从此，契丹就蒸蒸日上了。

可见，契丹最初是一个游牧的部落集团，它早期的历史，是在大国强部的包围中，始而流徙分迸，继而站定脚根，终于成长壮大的历史。所以致此，一方面固有赖于契丹人民的顽强斗争，另一方面亦有赖于契丹与中原王朝及汉族人民的和好来往关系的影响。这种和好来往关系虽曾发生多次波折，毕竟是作为一个主流存在着的。

二、古八部时期和大贺时期的生产方式

1. 生产和交换

契丹有这样的一个传说："……有一主，号曰喎呵，戴野猪头，披猪皮，居穹庐中，有事则出，退复隐入穹庐如故。后因其妻窃其猪皮，遂失其夫，莫知所如。次复一主，号曰昼里昏呵，惟养羊二十口，日食十九，留其一焉，次日复有二十口，日如之。"（《契丹国志·契丹国初兴本末》。）这个离奇的故事，反映着一段真实的历史——即畜牧代替狩猎成为契丹人民的主要生产活动的历史进程。至于这个过渡发生在什么时候，则是我们无法确切知道的。总之，当人们发觉有契丹存在的时候，它已经是一个游牧的部落集团，畜群已经是他们的主要财富了。

契丹部民逐寒暑、随水草而放牧，以车帐为家。北魏太和三年（479），契丹酋长贺勿于"率其部落车三千乘、众万余口，驱徙杂畜，求入内附"（《魏书·契丹传》）。万余口有车三千乘，是每家有车一乘或二乘，可见，早在古八部时期，车已成为契丹部民普遍使用的运输工具了。北齐天保四年（553），北齐掳掠契丹的牲畜达数十万头之多（见《北史》及《北齐书》。《资治通鉴》作"数百万头"，不可信），史书的记载容或有所夸大，毕竟还可以说明当时契丹的游牧养畜业已相当兴盛了。可是游牧养畜业有显著的不稳定性，所以除了强邻的攻掠之外，逢上特大的"风雨雪霜之害"，也是造成契丹"中衰"的原因之一（《契丹国志·契丹国初兴本末》）。

狩猎虽已降为副业，但仍是契丹部民普遍和经常地进行的生

产活动。契丹有这样的一种风俗，当收葬父母遗骨时，常酹酒而祝曰："冬月时向阳食，若我射猎时，使我多得猪、鹿。"[1]可见，狩猎在契丹的经济生活中仍起着重要的作用。游牧养畜业的不稳定性，使狩猎成为契丹牧人不可缺少的一种借以取得生活资料的辅助手段。由此，我们就可以理解，何以有些史书会着重讲到契丹的狩猎生产了。例如：《旧唐书·契丹传》中说，契丹"猎则别部，战则同行"；《新唐书·契丹传》中说，契丹"射猎，居处无常"。

契丹的农业始于何时，这是一个悬而未决的问题。限于史料不足，目前我们对这个问题还不能给予确定的答复，只能根据一些线索作出某种推测。契丹居住的西喇木伦河流域，在新石器时代曾经有比较发达的早期农业文化。从当地的古代文化遗址中，出土过许多石器农具，有石犁、石锄、石锹、石镐、石斧、石铲、石磨和石杵等。历史的沧桑使这个早期的农业文化没有在当地延续下来，一个又一个部落迁来又迁走了，契丹也显然不是这个早期农业文化的继承者。从现已发掘的年代可能在辽朝成立之前的契丹文化遗址中，还不曾发现农业生产的遗迹。如在内蒙古昭乌达盟巴林左旗林东街北山坡的契丹文化遗址，有灰堆，每座灰堆高约一米，灰堆与灰堆之间相距近的三五米，远的超过二十米，既没有墙基和房屋的遗迹，也没有可以表明农业文化存在的工具和器皿（见《考古通讯》1955年第4—5期及《文物参考数据》1956年第2期）。在所有涉及契丹的史书中，只有《辽史》讲到契丹在辽朝成

---

[1]此见《北史·契丹传》。《通典》作"冬月时向阳食，夏月时向阴食"，语较周全。《新五代史·四夷附录》作"夏时向阳食，冬时向阴食"，则是冬夏颠倒了。

立之前已有稼穑之事。《辽史》关于契丹农业的记载，是从遥辇初期开始的。

但是，我们不能就此认为契丹在大贺时期以前完全以畜牧和狩猎为生，与农业是绝缘的。有两条史料值得我们重视并加以深思，其一是：北魏时，契丹一度"告饥"，北魏"听其入关市籴"（《魏书·契丹传》）；其二是：隋朝时，契丹别部背突厥来附，隋朝悉令"给粮"遣返（见《隋书·契丹传》）。可见，早在古八部时期，契丹就已经有粒食的习惯了。可能当时契丹也已经有零星的谷物种植，而在一旦失收之后，就不得不入关市籴了。契丹周围的部族都有农业，如语言和风俗与契丹类似的室韦就"颇有粟、麦及穄"（《魏书·失韦传》）。蒙古和西伯利亚地区农作物品种从南向北的传播，已为科学考察所确认。契丹在室韦之南，密迩汉区，有更为便利的条件来发展农业。因此，我倾向于认为，把大贺时期以前的契丹设想为纯粹游牧、不知农事的人民是没有充分根据的。

契丹与中原地区一向有经济交流关系，他们用牲畜和毛皮之类的土产换取中原地区出产的各种物资。这种互通有无的经济联系对契丹社会的发展起着有益的影响，它的形式有两种，一为互市，一为贡赐。北魏时，契丹与汉人交市于和龙、密云之间，其诸部常以名马、文皮入贡，朝廷对契丹使者照例优予赏赐。朝廷的赏赐主要是从政治上着眼的，为了收揽远人之心，不吝重资。契丹的朝贡则主要出于经济方面的动机，所以他们有时派出了庞大的使团，如北魏熙平间，契丹遣使者三十人奉方物入贡。唐代，契丹与中原地区的互市、贡赐关系愈加频繁，唐朝设立了专门机构管理边境的互市，契丹常以名马、丰貂入贡，唐朝对契丹的赏赐也愈加优厚了。

2. 游牧比邻公社和初步的阶级分化

游牧的契丹人民组成许许多多的聚落，所谓"弥里"，或译为乡，就是这种聚落，也就是规模并不很大的公社。每个部落都包含着相当数量的公社。土地都是部落公有的，这是当时契丹社会的基础。

在远古时期，契丹曾生活在氏族公社中。母系氏族公社已经无可稽考了，只在社会生活的某些方面留下了若干遗迹，这种遗迹一直保存到辽代，本书将在第五章第一节中加以具体介绍。父系氏族公社则可以从契丹的传说中明显地察觉出来。相传其始祖"生八子，各居分地，号八部落"（《契丹国志·契丹国初兴本末》），可以设想契丹的八个部落是由最初的八个父系氏族增殖演化而来的。但是在契丹这个名号出现的时候，父系氏族公社也已经退出历史舞台了。

古八部时期契丹的公社已不是浑然一体的氏族公社，而是由各别牧民家庭组成的比邻公社①。所以当时对契丹的数目通常不用"落"来计算，而是用"家"来计算的。例如，一度寄居高丽的约有"万家"，背突厥来附于隋朝的有"四千余家"。一个公社的男性成员大多仍属于同一氏族，如旧史所云："契丹故俗，分地而居，合

---

①比邻公社即农村公社。就牧区来说，似以称比邻公社较为妥帖。比邻公社既是原始社会结构的后期，又是从以公有制为基础的社会向以私有制为基础的社会的过渡。

族而处。"(《辽史·营卫志》)由于家庭已成为社会的细胞,所以纵使公社男性成员有共同的氏族关系,这种公社也不再是氏族公社了。"在氏族制度下,家庭从来不是、也不可能是组织的细胞。"(《家庭、私有制和国家的起源》。引自《马克思恩格斯文选》两卷集卷二,254—255页)

契丹社会内部的阶级分化在古八部时期还不很明显,严格地说,从现有的史料中,找不到足以说明当时阶级结构已经形成的确凿证据。在大贺时期,部落成员的阶级分化逐渐明朗化,在上层出现了部落贵族,在下层出现了"家奴"。某些显贵家族享有世选本部酋长的优先资格,而大贺家族更享有世选联盟首领的特权,他们在当时的文献记载中被称为"酋豪""大帅"和"君长"。唐代契丹结束了在强邻压迫之下辗转流徙的生活,环境较前略为安定,与中原地区的互市、贡赐关系较前更为密切,社会生产因而有所发展,大贺时期的部落贵族就是在这种历史条件之下生长起来的,部落联盟的形成则加大了那些身为联盟首领和部落酋长的贵族的权力。另外也不能忽视唐朝在契丹内部已有初步阶级分化的基础上,对契丹部落贵族采取笼络、扶持和利用的政策,授以官爵,赐以财物,乃至妻以宗室女,这些措施刺激了契丹部落贵族的茁长壮大。

三、部　落

1. 部落组成、部落名号以及它们的演变

从古八部初期到遥辇末期，契丹的主体（所谓主体，是没有把流散他方的旁支别部计算在内的）始终是八个部落（详见本书附录二《隋唐时期契丹部落的数目》）。这个事实，表明血缘组织在原始公社时期有活跃的生命力和顽强的保守性。但是，部落的组成在这段漫长的时间里发生了多次巨大的变动，部落的名号则随着部落组成的每次变动而更改，甚至更改得面目全非了。同时，部落内部以及部落与部落之间的血缘联系也终于逐步地削弱了。

古八部的名号是：（见《魏书·契丹传》）

悉万丹部　　何大何部　　伏弗郁部　　羽陵部

日连部　　　匹絜部　　　黎部　　　　吐六于部

应该指出，这是北魏时的契丹八部名号。后来，在北齐天保四年（553），契丹为北齐所破，被俘十余万人，在隋大业元年（605），又为隋朝和突厥所破，被俘四万人，损失如此惨重，部落的组成和名号难保不变，可是旧史在这方面没有留下明确的记载。

大贺八部的名号是（见《新唐书·契丹传》）：

达稽部置峭落州　　纥便部置弹汗州

独活部置无逢州　　芬问部置羽陵州

突便部置日连州　　芮奚部置徒河州

坠斤部置万丹州　　伏部置匹黎、赤山二州

单从部号来看，大贺八部与古八部无一相同。如果连同州名来看，则正如冯家升先生所讲的，大贺八部中有四个部与古八部中的四个部同名，那就是：

万丹——悉万丹　　羽陵——羽陵

日连——日连　　匹黎——黎

可是原来的部号已经变成州名，因此就不能肯定坠斤、芬问、突便、伏四个部就是原来的悉万丹、羽陵、日连、黎四个部，也可能是坠斤等四个部分别居住在悉万丹等四个部的故地。

从古八部到大贺八部的交替，正发生在契丹因强邻的攻击而蒙受重创的时候，"部落离散，非复古八部矣"（《辽史·营卫志》）。

遥辇八部是由大贺八部改组而成的，其最初的名号是[①]：

但利皆部　乙室活部　　实活部　　纳尾部

频没部　　内会鸡部　　集解部　　奚嗢部

为时不久，八部再度改组，其名号是（《辽史·营卫志》）：

迭剌部　乙室部　　品部　　楮特部

乌隗部　突吕不部　涅剌部　突举部

可以把但利皆等八部称为遥辇前八部，把迭剌等八部称为遥辇后

----

① 见《新五代史·四夷附录》。按：但利皆部，百衲本《辽史》作"旦利皆部"，"旦"同"但"。《国学文库》本《契丹国志》作"祖（一本作徂）皆利部"，"祖"是"但"的讹写（《契丹国志》记遥辇各部名号舛误甚多，除祖皆利外，他如频没作颇没，《集解》作某解，亦系传写之讹），"皆利"则为"利皆"之倒。武英殿本《新五代史》及《文献通考》皆作"但利皆部"，但别本《新五代史》亦有作"但皆利部"的。

八部①。在大贺八部、遥辇前八部和遥辇后八部之间，除了但利皆和达稽可能是同一个部，乙室和乙室活也可能是同一个部之外，其余各部的名号彼此全然不同。

从大贺八部递变为遥辇前八部，继而又从遥辇前八部递变为遥辇后八部，也都是在"契丹中衰"（《辽史·世表》）的时候。对唐作战失败，加上内部的动乱，部落残破，族众耗减，因而不得不改组。遥辇前八部存在的时间很短，只有十五年光景，即从开元十八年（730）大贺氏首领李邵固被杀起，至天宝四载（745）遥辇氏阻午可汗即位止（详见附录一《唐代契丹君长世次》）。辽代的契丹学者萧韩家奴说："先世遥辇洼可汗洼之后，国祚中绝，自夷离堇雅里立阻午可汗，大位始定。"（《辽史·世表》）所讲的就是这段历史。据传，当时"仅存五部"，迨阻午可汗立，始"更为八部"（《辽史·营卫志》）。《辽史·营卫志·部族下》所记下列诸部的建置由来，可以证实这个说法。

1. 迭剌部、乙室部初为一部，阻午可汗析为二。
2. 乌隗部、涅剌部初亦为一部，亦由阻午可汗析为二。
3. 突举部、突吕不部初亦为一部，亦由阻午可汗析为二。
4. 品部仍自为一部。
5. 楮特部亦仍自为一部。

八部的划分在契丹历史上是一个向来如此的传统。按照契丹

_____

① 关于遥辇时期的部落数目以及前八部与后八部的关系，可参阅本书附录二《隋唐时期契丹部落的数目》。

的传说,八部是他们的始祖奇首可汗所生八子的后裔①。因此,尽管经历了多次盛衰离合的变迁,名号尽管一改再改,八部却终于被一次再次地重整起来了。

2.契丹同相邻各族的交互影响和彼此融合

契丹在长期辗转流徙的过程中,先后接触了许多部落、部落集团和部落联盟。由此,一方面,在契丹与某些相处较久的部落、部落集团和部落联盟之间,出现了一些风俗相同或相似的现象,这是一种合乎规律的结果;另一方面,契丹还从所曾接触过的某些部落、部落集团和部落联盟中吸收了若干成员。对多次因遭受惨重打击而部众衰耗的契丹来说,这是一种现实的需要。为了说明这个问题,可以举出下列几点事实来。

(一)契丹和室韦在语言和风俗上有明显的共同性。据旧史所记,室韦"语与库莫奚、契丹、豆莫娄国同"(《魏书·失韦传》),"衣服与契丹同"(《隋书·室韦传》),葬俗亦与契丹相似②。有的史书上甚至说,室韦"盖契丹之类,其南者为契丹,在北者为失韦"(失韦即室韦)(《北史·室韦传》)。

---

① 《契丹国志·契丹国初兴本末》:"契丹之始也……古昔相传:有男子乘白马浮土河而下,复有一妇人乘小车驾灰色之牛浮潢河而下,遇于木叶之山,顾合流之水,与为夫妇,此其始祖也。是生八子,各居分地,号八部落。……立遗像(原注:始祖及八子)于木叶山,后人祭之,必刑白马,杀灰牛,用其始来之物也。"

② 《隋书·契丹传》:"父母死而悲哭者,以为不壮,但以其尸置于山树之上,经三年之后,乃收其骨而焚之。"同书《室韦传》:"部落共为大棚,人死则置尸其上,居丧三年,年唯四哭。"可见,契丹和室韦有同类形式的露天葬,至于室韦是否有契丹那样的二次葬,虽无明文可证,但从"居丧三年"来推测,大概也是有的。

（二）契丹和靺鞨的风俗有一定的共同点，所以在历史上有这样的记载："契丹，……其俗颇与靺鞨同。"（《隋书·契丹传》）

（三）契丹和突厥的风俗也有一定的共同点，所以在历史上还有这样的记载："契丹……风俗与突厥大抵略侔。"（《新唐书·契丹传》）

（四）后来，契丹又吸收了一些回鹘人，这些回鹘人可以同契丹人通婚。如契丹的述律家族，先世即回鹘人，在辽朝成立之前，已传四代，与世里家族通婚①。

四、部落联盟的形成和它的特点

契丹在古八部时期还不曾建立部落联盟，所以当时部落这层组织起着最大的作用，它管理着属于部落公有的土地，它集中了处理公共事务的权力，此外，它也是统一进行军事活动的单位。有时，为了把力量联合起来，契丹各部也根据临时的协议采取一致的军事行动，如旧史所云："有征伐则酋帅相与议之，兴兵动众，合如符契。"（《北史·契丹传》）这种关系是不经常和不巩固的，战事一停止，联合行动也就随着结束了。在古八部时期，似乎没有一个契丹酋长能够成为八部公认的首领，即或有，也是暂时

---

① 《辽史·后妃列传》："太祖淳钦皇后述律氏，讳平，小字月里朵。其先，回鹘人糯思生魏宁舍利，魏宁生慎思梅里，慎思生婆姑梅里，婆姑娶匀德恝王（按即辽太祖之祖父匀德实）女，生后于契丹右大部。婆姑名月椀，仕遥辇氏为阿扎割只。"

的，在历史上没有留下任何记载。平时，各部独立活动，不但有全权处理部内的事务，而且可以自行派遣使者朝贡中原。隋初契丹"诸部相攻击久不止"，这说明契丹在古八部末期仍未组成统一的联盟。

契丹的第一个部落联盟是在唐初建立的，它就是延续了一百年的大贺联盟。我们并不知道这个联盟形成的具体经过，从当时契丹的社会条件和历史环境来看，它的产生，与契丹部落贵族的成长以及契丹各部联合起来抗击突厥侵凌的需要，无疑是有关系的。部落结合成为联盟，如恩格斯所指出的，是"形成民族的第一步"（《家庭、私有制和国家的起源》。引自《马克思恩格斯文选》两卷集卷二，248页）。自从建立了联盟，契丹各部之间就有了比较稳定的联系。

契丹部落联盟的特点之一是它有世选的首领，而且所属各部的酋长也是由部内显贵家族世选的，这个特点说明契丹部落联盟是在部落内部已有初步的阶级分化的条件下建立起来的。

相传契丹部落联盟的首领有一定的任期，并且是由八部酋长轮流担任的。这在有关契丹的史书中几乎都有记载。如《契丹国志》曰："八部大人……三年一会，于各部内选雄勇有谋略者，立之为主，旧主退位，例以为常。"再如《旧五代史·契丹传》曰："八部，每部皆号大人，内推一人为主，建旗鼓以尊之，每三年第其名以代之。"《资治通鉴》《五代会要》和《汉高祖实录》的有关记载，与《旧五代史》完全一致，《新五代史·四夷附录》的记载则略有区别："部之长号大人，而常推一大人建旗鼓以统八部。至其岁久，或其国有灾疾而畜牧衰，则八部聚议，以旗鼓立其次而代之。被代者以为约本如此，不敢争。"《虏廷杂记》的有关记载与《新五代史》相同而较详。如果把上述记载与大贺时期的史实对照，我们发现其间既有相符之处，也有相悖之处。大贺联盟的历任首领，从摩会起，至邵固止，确实没有一个可被证明为任期超过三年的①。由此可见，八部酋长三年一会，选雄勇有谋略者立之为主，这个说法是可信的②。但是，还有同样真确的一个史实，就是这个时期的联盟首领没有一个不是大贺家族的成员，由是可知，关于八部酋长以次相代的传说显然是谬误的。总之，一方面，以大贺家族为首的部落贵族已壮大起来，另一方面，原始社会的民主传统仍被奉行着，于是在联盟首领人选问题上就产生了世选制度。世选既不同于世袭，也不同于公选，它是从公选到世袭之间的一种过渡形式，反映着当时契丹社会中贵族与部众以及大贺家族与其他贵族的力量对比。

大贺时期联盟首领的权力还不大，八部酋长会议是联盟的最高权力机关。"若有征发，诸部皆须议合，不得独举。"（《旧唐书·契丹传》）这就是说，军事大计由八部酋长会同商定并采取一致行动，联盟首领是无权专决的。至于部内事务，则仍由各部自理，联盟首领亦无权干预。这种形式的联盟关系就是旧史所谓契丹"猎则别

①参阅本书附录一《唐代契丹君长世次》。窟哥的任期可能超过三年，但他在贞观十九年之前未必已任联盟首领，在贞观二十二年之后则未必仍为联盟首领。郁干的任期也可能超过三年，但关于他的卒年，史有异文，未可确断。

②《新五代史·四夷附录》所记与三年一任之说有异，谓"至其岁久"或"有灾疾而畜牧衰"始"立其次而代之"，这显然不是大贺时期的情况，而是著者欧阳修根据遥辇末期痕德堇可汗在任六年多，因马多饥死被罢免的事实提出的说法。

部,战则同行"(《旧唐书·契丹传》)的真实涵义。联盟首领如果妄自尊大,独断专行,受到部众和多数酋长反对,就会立遭罢免,或竟被杀。唐玄宗说,契丹"多无义于君长,自昔如此"(《资治通鉴·唐纪》)。由世袭的封建帝王看来,像契丹那样对待联盟首领当然是"无义"的;但由实行联盟首领世选制度的契丹看来,这却正是他们的"义"。

除了联盟首领之外,契丹有时还另选一人或二人为军事统帅。例如:尽忠为联盟首领时,以孙万荣为统帅;屈烈为联盟首领时,由可突干及过折"分典兵马"。军事统帅的威望和实权,常不在联盟首领之下。

契丹部落联盟的首领,从尽忠起,号为可汗,此前称谓不详。军事统帅的称谓亦失考。至于部落酋长——所谓"大人"——的称谓,在大贺时期是辱纥主,之前在古八部时期是莫弗贺,之后在遥辇时期则是夷离堇。唐朝把契丹联盟首领封为都督,并赠王爵,又把契丹各部酋长分任为刺史。上述这些称谓的区别和联系,在读史时不可不知①。

---

①有的学者认为夷离堇是联盟军事首领,就弄错了。遥辇时期契丹各部都有夷离堇,无疑是部落酋长而非联盟军事首领。辽代契丹的夷离堇相当于州刺史,金代的移里堇相当于村长,也都不是联盟军事首领。

五、遥辇时期契丹原始社会的逐渐解体

大贺晚期，在契丹部落贵族内部的不同集团之间，爆发了激烈的冲突。经过多年反复的斗争，丧失人心的大贺家族终于失败，由遥辇家族夺取了世选联盟首领的特权。

遥辇时期是契丹原始社会逐渐解体的时期。

在遥辇时期中，历史环境朝着越来越对契丹有利的方向发展。唐朝自从在八世纪中叶经历了安史之乱后，形成了表面统一、实际分裂的局面，藩镇拥兵割地，分据各方。卢龙地区的藩镇为了保存实力，擅地自安，与契丹大体相安无事（《新唐书·契丹传》："藩镇擅地，务自安，障戍斥候益谨，不生事于边，奚、契丹亦鲜入寇。"）。在这样的环境里，契丹与汉区的经济交流关系更加密切，汉区先进因素对契丹社会的影响随着扩大和加深了。同时，回鹘逐渐衰落，至九世纪中叶，契丹趁回鹘内乱的时机，在唐朝的支持下，推翻了回鹘对他们的统治。历史环境的这些变化，为契丹社会的发展提供了空前有利的条件。

这个时期契丹社会生产力发展的特点是，不但有量的增长，而且有质的改变。那就是说，不但畜牧业在继续上升中，而且农业和手工业也逐渐推广了。据说，遥辇初期的军事统帅涅里"究心农工之事"，"教（民）耕织"（《辽史·百官志》）。契丹的邻居黑车子室韦部落以善造车著称，契丹曾经向他们学习造车的技术①。

---

① 《新五代史·四夷附录》引《陷北记》："契丹之先常役回纥，后背之走黑车子，始学作车帐。"《辽史·国语解》："黑车子国也，以善制车帐得名，契丹之先尝遣人往学之。"

从九世纪中叶起, 农业和手工业的进步更加显著了。据说, 酋长匀德实 (阿保机的祖父) "喜稼穑, 善畜牧, 相地利以教民耕"(《辽史·食货志》); 酋长撒剌的 (阿保机的父亲)"始置铁冶, 教民鼓铸"(《辽史·食货志》), "以土产多铜, 始造钱币"(《辽史·太祖纪》); 酋长述澜 (阿保机的伯父)"始与版筑, 置城邑, 教民种桑麻, 习织组"(《辽史·太祖纪》)。这些传说是后人对祖先事迹的朦胧的回忆, 所系的年代, 所属的具体人物, 难免有些差误。其中关于置铁冶、造钱币、建城邑的传说与史实不合, 大概是把子孙的功绩加在祖先的名分上去了 (详见本书第三章第三节中有关的论证)。估计当撒剌的和述澜在世时, 契丹只有为数不多的铁工和房屋, 还不曾有铁冶、钱币和城邑。但是, 除此而外, 就社会生产的一般发展, 特别是就农业和手工纺织业的发展而言, 我们却没有理由认为这些传说是虚构的。遥辇晚期契丹社会经济结构的剧烈变动, 正是由社会生产方面的上述进步所引起的。契丹社会内部的阶级差别和贫富差别, 在大贺时期已经明朗化, 在遥辇时期则进一步地加深和加剧了。旧史关于契丹"词讼庞淹"的记载 (《契丹国志·契丹国初兴本末》), 说明在公社成员之间因阶级分化和贫富分化而引起了许多财产纠纷, 说明私有制已经压倒公有制, 说明原始公社已走上了瓦解的道路。

在遥辇后期, 除了奴隶占有关系之外, 部曲依附关系和部落附庸关系也流行起来了。部曲亦称为门客, 对主人有一定的人身依附关系, 受主人奴役, 但仍有自己的家庭和财产, 从而与奴隶有别, 其处境较奴隶稍优。附庸部落对契丹有缴纳贡赋的义务, 但其部民并非部曲。契丹部落贵族对攻掠邻部发生了越来越浓的兴趣。在战争中，他们不但一如往常地大肆劫掠对方的牲畜和其他财物，而且开始大量俘掠对方的人口了。在遥辇鲜质可汗时，艾萨克刺的为首的契丹部落贵族俘虏了奚王府的部曲七百户（一说七千户）（《辽史·太祖纪》及同书《营卫志》）。大约同时或稍晚，以述澜为首的契丹部落贵族俘虏了一批党项和吐浑人口（《辽史·地理志》）。至遥辇末期，契丹"乃钞奚、室韦，小小部种，皆役服之"（《新唐书·契丹传》）。战争和掠夺，对契丹部落贵族来说，不止有利可图，而且是荣誉的事业。当时一般的契丹部落贵族大概都占有部曲和奴隶，如突吕不部的耶律欲稳，在部落贵族中还不是头等的豪强，也占有部曲——"门客"（《辽史·耶律欲稳传》）。在痕德堇可汗时，罪犯也成了奴隶的来源之一。如在于越释鲁遇害后，痕德堇可汗命阿保机鞫治凶手，以其首恶家属没为奴隶（《辽史·刑法志》）。看来，在当时的契丹社会中，部曲依附关系比奴隶占有关系更为流行，这正是早期奴隶制阶段常见的现象之一。

部落贵族的势力在遥辇时期中显著地增长了，反映在政治上，是世选制度的扩大和加强。这时，除了世选的联盟首领和部落酋长之外，据《辽史》所记，还有"世为国相""世为虞人""世为决狱官"乃至"世为小吏"的。可见，世选制度几乎推行到所有的部落公职上去了，部落公职几乎都被显贵家族垄断了。同时联盟首领的地位渐趋稳固，三年一任的旧规显然已经打破。从阻午可汗起，联盟首领的选举就开始蜕变为一种象征性的仪式了。相传阻午可汗制柴册仪，所谓柴册仪，就是象征性地选举联盟首领的一种庆

贺仪式①（详见本书第五章第一节）。联盟首领利用柴册仪给自己
披上一件民主外衣，而达到连任的目的。至于部落酋长，虽还有一
定任期，但也可连任或再任，如阿保机的伯父敌辇三次担任迭剌部
酋长，而伯祖怙剌担任迭剌部酋长竟有九次之多（见《辽史·皇子
表》）。强横的贵族分子依靠自己的党羽，甚至可以不经公众推选，
自立为酋长，辖底就是一个例子②。

　　遥辇联盟带有国家的某些特点，这些特点在遥辇初期已经产
生，以后则愈来愈明显地暴露出作为贵族统治工具的性质。在涅
里时，亦即阻午可汗时，"始立制度"，"置官属，刻木为契，穴地为
牢"（《辽史·太祖纪》）。可见，部落贵族已经需要建立镇压机关，
来保护他们的私有财产和特权了。后来又组织了亲兵③，亲兵与部
落武装截然不同，他们不是部落集体利益的捍卫者，而是部落贵族
用以实现其掠夺欲望和统治野心的工具。亲兵的出现，使遥辇联
盟有了更加明显的进攻性和掠夺性。

　　但是，对遥辇时期契丹社会的阶级分化和遥辇联盟具有的国
家特点应作恰如其分的估计，估计过高和估计过低会引伸出极不
相同的结论。如果认为遥辇时期契丹已经进入阶级社会，认为遥
辇联盟已经是国家，那是不恰当的。因为，在遥辇时期中，虽则已
分化出贵族、部曲和奴隶，虽则已具有早期奴隶制的某种特征，然

①陈述《契丹史论证稿》："柴册仪为大汗推选之遗迹。"所见甚是。
②《辽史·辖底传》：辖底异母兄庵古只在痕德堇可汗时任迭剌部夷离堇，"故事，为
　夷离堇者得行再生礼，庵古只乃就帐易服，辖底遂取红袍、貂蝉冠，乘白马而出。乃
　令党人大呼曰：'夷离堇出矣！'众皆罗拜，因行柴册礼，自立为夷离堇"。
③《契丹国志·契丹国初兴本末》："八部大人后稍整兵。"《辽史》所谓"挞马狨沙
　里"，即"扈从之官"，亦即亲兵队长。

而土地的部落公有制和公社公用制仍未改变，一般公社成员仍未受部落贵族奴役，所以只能说原始公社正在解体中，不能说已经进入了奴隶制阶段。从政治上看，固然已经存在某些具有国家特点的机构，可是社会职能对社会的日益增长的独立性尚未最终地发展成为对社会的统治；联盟的首领固然已带有世袭君主的萌芽，毕竟还不是阶级社会中的帝王，他无权把自己的意志强加于部落公众。当政绩不佳时，八部酋长会议仍可把他罢免，如末代的痕德堇可汗就是被罢免的。

遥辇联盟是一个军事民主主义的部落联盟，因为它的权力的主要特征是统率八部的武装力量。作为最高权力机关的八部酋长会议，由八部酋长会议决定任免的联盟首领（可汗）和军事统帅（国相）①，以及一般地出于选举的部落酋长（夷离堇），正是军事民主主义时期的一套组织②。

---

① 《辽史》谓世里家族世为遥辇"国相"。考世里家族的酋长在遥辇时期常被选为军事统帅，则所谓"国相"殆即军事统帅。
② 遥辇联盟的公职，除可汗、国相、夷离堇之外，还有：挞马狨沙里——亲兵队长；舍利——贵族子弟官名，大抵掌军；拽剌——亦掌军；阿扎割只——可汗帐下官名；梅里——职掌不明；虞人——掌虞猎之事；决狱官——掌刑讼之事。至于于越和太师、太保、司徒、司空等，则营为尊号，非实职。可见，主要是掌军的，其他公职甚少。故《辽史·百官志》曰："契丹旧俗，事简职专，官制朴实，不以名乱之。"

第二章

契丹的勃兴以及辽朝的创立和发展

九世纪末和十世纪初，是契丹从原始社会到阶级社会、从部落联盟到国家的过渡时期。辽朝的成立是这个过渡时期结束的标志。

　　如前所述，契丹的原始社会在遥辇时期已进入解体阶段，遥辇联盟已具有国家的某些特点。到遥辇末期，由于契丹社会中阶级结构的进一步成熟和部落贵族力量的进一步壮大，部落联盟的组织形式已不能适应当时的社会形势，从而就需要以国家来代替部落联盟，以便为新的生产关系扫清道路，这是建成辽朝的内部条件，也是基本的条件。同时，契丹的历史环境进一步朝着有利的方向转变，为契丹的勃兴造成了良好的机缘，这是建成辽朝的外部条件，也是辅助条件。

　　对契丹这样的一个游牧民族来说，如果部落与部落之间只有军事联盟关系，各个部落在内部事务上仍保持着独立状态，那么，它就不可能取得经济和文化的高涨与繁荣。从另一方面说，如果它仍停滞在逐寒暑、随水草的游牧阶段，没有向农牧的结合以及比较定居的生活转变，社会内部没有比较稳定的经济联系，那么，即使阶级对抗形势的发展已使它建立了国家，这个国家仍不可能是比较稳固的统一国家。统一和发展，这是一个历史任务的两个相辅相成的方面，这个任务摆在遥辇末期的契丹面前。后来，在当时代表着进步力量的某个贵族集团的领导下，依靠自己的武装力量，通过反对贵族保守集团的斗争，这个任务终于被完成了。历史无情地抛弃了那些故步自封的部落酋长，贵族进步集团的领袖耶律阿保机最后取得了胜利。

　　耶律阿保机担当这样的角色，是由一些偶然性造成的，但这些偶然性本身却是由当时契丹社会发展的必然性规定的。

一、遥辇末期契丹联盟的发展，世里家族取代遥辇家族

　　阿保机生于唐咸通十三年（872），因出身迭剌部世里家族，故姓耶律。迭剌部是契丹八部中最大最强的一个部[①]，而世里家族在遥辇时期的地位、权势和声望仅亚于遥辇家族。阿保机的七代祖涅里是遥辇初期的著名军事统帅，是击溃大贺家族复辟势力的主将，曾经在唐开元二十三年（735）被唐朝任命为松漠都督。自涅里以下，阿保机的祖先累代被选为迭剌部的酋长，且屡膺联盟军事统帅之选。阿保机生存的时代，正是契丹部落贵族已经羽毛丰满，积极地进行对外发展和掠夺的时代。他的父亲撒剌的和伯父述澜都热衷于掠夺，并成为急先锋，在征服奚、党项和吐浑的事业中起了重要作用。这样的家庭出身和从小受到的熏陶，使阿保机在青年时期就参与了攻掠邻部的活动，走上了父辈没有走完的道路，当时契丹的社会情势和历史环境则使他获得了广阔的活动天地。

　　九世纪末，阿保机担任过挞马狨沙里（义为扈卫郎君）——就是可汗的亲兵队长，以降服大小二黄室韦部和另外几个小部而崭露头角。唐天复元年（901），他被选为迭剌部的酋长，并担任"专

---

①辽代迭剌部有八个石烈，其余七部都只有两个石烈。

征讨"的军事统帅。他北击室韦，东北讨女真，西南破奚，南掠河北、河东，在一连串的战争中取得重大收获。三年后，他被授与于越尊号（这是仅次于可汗的一个尊号），并"总知军国事"，从此就大权在握了。契丹的部落贵族在这些战争中，掳掠了大量的人口和牲畜，阿保机本人当然也不例外。唐天复三年（903），阿保机置城于潢水之南，实以汉俘及女真俘数百户。唐天祐二年（905），阿保机会晋王李克用于云州，易袍马，约为兄弟，晋王赠以金缯数万，阿保机"留马三千匹、杂畜万计以酬之"（《资治通鉴·后梁纪》）。这些马和杂畜，显然不是契丹部民所有，而是契丹部落贵族在战争中掠取的。可见，通过一连串的战争，契丹部落贵族更加壮大了①。

但是，契丹在河北起初甚不得手。当时割据河北北部的唐卢龙节度使刘仁恭，"习知契丹情伪，常选将练兵，乘秋深入，逾摘星岭击之"，并且在每年霜降后"遣人焚塞下野草"，使契丹不得"并塞放牧"，以就"犹未尽衰"之草，致"契丹马多饥死"。软弱的痕德堇可汗无善策，"常以良马赂仁恭买牧地"（《资治通鉴·后梁纪》及胡注）。以此，八部酋长罢免了痕德堇，改选阿保机为可

---

① 关于这个时期契丹的兵力和掳掠人畜的数目，不可尽信史。如《辽史·太祖纪》谓阿保机以兵四十万伐河东、河北，《资治通鉴·后梁纪》谓阿保机率兵三十万寇云州，都是夸大失实的记载。数十年后，契丹已得燕云及辽东，倾师南侵，其众亦不过十万余（见《宋会要辑稿·蕃夷》引宋琪疏），则在未得燕云及辽东时何来如许兵力？又如《辽史·太祖纪》谓阿保机伐河东、河北获汉人九万五千口，城龙化州以实之，查同书《地理志》，龙化州户仅一千，除女真户数百外，汉户不足千数，可见九万五千口之数亦不足信。

汗^①。这事发生在后梁开平元年（907），恰恰是唐朝灭亡的这一年。

契丹部落贵族需要阿保机这样有胆略的人来领导，以满足他们对俘虏、牲畜、草原的渴望，并确立对劳动人民的统治。阿保机不负所望，在担任可汗的几年里，四出攻伐，虽则在南方的进展仍不大，可是，"五姓奚及七姓室韦咸服属之"（《契丹国志·太祖大圣皇帝》），所统治的地区，已经是"尽有奚、霫之地，东际海，南暨白檀，西逾松漠，北抵潢水"（《辽史·太祖纪》）了。

二、部落贵族的分化和内争，辽朝的诞生

如前所述，这个时期正是契丹社会的历史转折时期。就在这个导向重大社会变革的关口上，契丹部落贵族内部发生了分化，形成了两个彼此对立的集团。其中一个集团以阿保机为首，是阿保机的党羽；另一个集团则逐渐对阿保机的统治感到不满，加以反对，终至于发动叛乱。两个集团的分歧并不在于家族利益的冲突，他们已经打破了血缘组织的狭隘的界限。可以作为证据的是：阿保机上台后，遥辇家族丧失了世选可汗的特权，但出身遥辇家族的海里

---

① 《辽史·太祖纪》谓是年"痕德堇可汗殂，群臣奉遗命请立太祖"。这是史官的美言。其实，痕德堇在908年还在世（见《五代会要》，是年阿保机与痕德堇各遣使贡于后梁）。痕德堇的下台，应如《新五代史·四夷附录》所云："八部之人以为遥辇不任事，选于其众，以阿保机代之。"

和敌剌却是阿保机的始终不渝的追随者；阿保机本人是世里家族
的一员，但世里家族的旧贵辖底和阿保机之弟剌葛等却起而反对
阿保机。

那么，阿保机的反对者究竟是些什么样的人呢？让我们来看
看。因阿保机得势而心怀觖望的是"遥辇故族"（《辽史·耶律海里
传》），曾多次反叛的是"府之名族"（府即大迭烈府，亦即迭剌部）
（《辽史·太祖纪》），后来劫持阿保机并迫使他下台的是七部酋
长，可见，他们都是些旧贵。这些旧贵大多饶有财畜，满足于劫掠
异族人民，习惯于以主要是奴隶制的方式奴役本族人民和被俘的
异族人民。同时，由于他们一般都占居高位，从而迷恋于独立自主
地处理部内事务的传统权力，不愿让可汗的权力大到使他们无法
控驭的程度。总之，他们既不希望、也不需要改变契丹社会当时的
生产方式和政治结构，顽固地抗拒社会发展的必然趋势，所以成
为保守集团①。至于那些积极拥护阿保机的人，从《辽史》的传记
中可看出，他们虽则也出身世家，但起初还不是头等的富豪，他们
在频繁的南征中发现，以主要是封建制的方式利用汉人来发展农
业和工商业，是更有利的剥削手段。同时，由于他们先前不占据高
位，而是阿保机麾下新起的军事显贵，因此并不觉得阿保机的权威
是对他们的损害。这个新贵阶层的实际利益，使得他们支持为当时
契丹社会向前发展所必需的社会变革，所以成为进步集团。阿保
机及其追随者积资既厚，自然就要保卫自身已得的利益，不肯向反

---

① 陈述《契丹史论证稿》亦曾指出剌葛之党是"守旧的反对派"，但所作的分析和论
　证尚可商榷。

对派让步了。

　　对阿保机何以能成为贵族进步势力的代表和领袖，有必要作深入一层的探讨。契丹的农业和手工业首先是在迭剌部中发展起来的，所以相传遥辇时期农业和手工业的倡导者、推广者都是迭剌部的酋长，而且不为无因地都是阿保机的祖先，这对阿保机自然会留下有益的影响。阿保机本人在多次南征中熟悉了汉地的物产民情，结识和收罗了一些汉族人士，对汉区先进的生产技术和社会制度有较多的了解，这些都增益了他的见识和才干。他能说汉话，长子和次子都通晓汉文并工于书法，可见他们习染汉族文化已非浅鲜。阿保机任迭剌部酋长及军事统帅时，曾以汉俘及女真俘城龙化州于潢水之南；任可汗时，又置羊城于炭山之北以通市易，并创建了银铁冶。这些措施显然不符合那些习惯于单纯地掳掠并把战俘据为私人奴仆的贵族保守分子的利益。同时，阿保机竭力扩大自己的权力，不再遵从"若有征发，诸部皆须议合，不得独举"的旧规，还扩充了自己的亲兵队——腹心部，在他左右的汉族谋士又怂恿他效法中原帝王的榜样来建立世袭的专制权力，这就更激起了贵族保守集团的愤懑和反对。

　　两个集团斗争的经过是曲折的，因有图谋居中取利的投机分子依违其间，它变得更复杂化了。阿保机之弟剌葛等三度反叛，谋取乃兄而代之，参与反叛的贵族分子达三百余人。叛党肆行杀掠，并破坏建筑物。阿保机及其追随者煞费周折，才把叛乱平息下来。迭剌部的旧贵，被杀戮殆尽（《辽史·太祖纪》："自诸弟构乱，府之名族，多罹其祸。"阿保机曾一次辇杀叛党三百人）。这次叛乱使迭剌部人民受到严重损害，"民间昔有万马，今皆徒步"（《辽史·太祖纪》)。于是，阿保机"弭兵轻赋，专意于农"，并把农业推广到北大浓兀部，而"诸部效之"(《辽史·食货志》)。他还诛酷吏、决滞狱、省风俗、见高年、议朝政，目的在于安抚部民、收揽人心、恢复生产。显然，阿保机获得了多数部众的同情和支持，这是他能够取胜的根本原因。

平息剌葛叛乱是贵族进步势力的胜利，但还不是他们的最终胜利。迭剌部中的反对派虽已被击溃，但在其余七部中反对派仍占着上风，他们举起原始民主传统的旗帜，强硬地要求阿保机下台，阿保机则"益以威制诸部而不肯代其立"(《新五代史·四夷附录》)。在僵持的局面中，酝酿着一触即发的更加严重的冲突。后梁贞明元年(915)，阿保机即可汗位之九年，七部酋长趁阿保机出征黄头室韦部归来之际，遮道劫持，要求他接受罢免。阿保机被迫交出了可汗的权标——旗鼓，同意不再担任联盟首领。在这个回合中，暂时还处于劣势的贵族进步势力被挫败了。

可是，阿保机机智地利用了贵族保守集团的弱点，向他们提出下述条件："吾立九年，所得汉人多矣，吾欲自为一部，以治汉人。"(《新五代史·四夷附录》)因循守旧、缺乏远见的七部酋长接受了阿保机提出的条件，纵虎归山，使贵族进步势力保持住坚实的地盘，得以积蓄力量，待机再起。这个事实也说明了保守势力轻视和排斥新兴的先进事物，所以他们暂时的优势终将丧失，而暂时的胜利终将转化为永远的失败。

这时，中国北部的局势为契丹的勃兴创造了有利的条件。统治蒙古草原几个世纪的强大部族——突厥和回鹘，早已先后衰微，长城以北已经没有可与契丹争锋的对手。河北方面，先是，燕主刘仁恭、刘守光父子"骄侈贪暴"，"悉敛境内钱"，"令民间用堇泥为钱，又禁江南茶商无得入境，自采山中草木为茶，鬻之"；又"籍境内丁壮，悉文面为兵，虽士人不免"（《资治通鉴·后梁纪》）。结果，民不堪命，"幽涿之人多亡入契丹"（《新五代史·四夷附录》）。刘氏父子的所作所为，无异为渊驱鱼。"阿保机乘间入塞，攻陷城邑，俘其人民"（《新五代史·四夷附录》）。正如他自己所讲的——"所得汉人多矣！"至阿保机被迫退位时，燕地已为晋王所有。晋军忙于同梁军角逐，无暇北顾，晋王李存勖力求与契丹相安，称阿保机为叔父（因其父李克用曾与阿保机约为兄弟）。晋帅周德威镇幽州，不修边备，契丹乃破关而入，占取平、营二州，刍牧其间，所掠汉人则更多了。阿保机采用封建制度来统治汉人（详见本书第四章第一节），"率汉人耕种，为治城郭邑屋廛市如幽州制度，汉人安之，不复思归"（《新五代史·四夷附录》）。这个城就是汉城，在独石口北三十七里处，"其地可植五谷"，"有盐铁之利"（《新五代史·四夷附录》）。就这样，一面在前方积极攻掠，一面在后方大力建设，阿保机虽然脱离了契丹联盟，暂时丧失了七部，但他的实力却愈加雄厚了。

同时，契丹的另外七部仍旧生活在落后状态中，而且显然没有强有力的统一的领导，人户虽不少，力量却是涣散的。与已经在危局中站稳脚跟，据有丰足的后方和劲锐的兵力的阿保机相比，迅速地转为劣势了。于是，阿保机在被迫退位的第二年，就决意去实现他的夙愿了。据说，阿保机设辞邀约七部酋长会宴，以伏兵尽杀之。有关的历史记载如下："阿保机知众可用，用其妻述律策，使人告诸部大人曰：'我有盐池，诸部所食，然诸部知食盐之利，而不知盐有主人,可乎? 当来犒我.'诸部以为然,共以牛酒会盐池。阿保机伏兵其旁,酒酣伏发,尽杀诸部大人,遂立,不复代。"(《新五代史·四夷附录》)这是一个不乏戏剧意味的传说,具体情节未必悉如所云。总之,阿保机和他的追随者以毫不留情的手段给予反对派以毁灭性的打击,至于他使用了何种诈术,手段何等残酷,那是无须深究、无关宏旨的。就在这一年(后梁贞明二年,916),阿保机称帝,自号天皇王,国号大契丹,建元神册。

在契丹王朝建立后,某些旧贵和觊觎帝位的新贵又曾几度密谋发动政变,阿保机一一粉碎了他们的阴谋,巩固了自己的帝位。

三、辽初的发展

阿保机即帝位后,由于契丹八部的统一,疆土的开拓,外来的俘虏、难民和降附部落的增多,以及农业和工商业的发展,契丹的财源和兵源都更加丰厚了,以阿保机为首的契丹贵族就更加积极地向外发展。在战争中,真正获利的是契丹贵族,同时契丹部民却要担受重大的牺牲。但是,阿保机也注意让部民分享少许掳掠得来的财畜,例如"击西南诸部,以所获赐平民"(《辽史·太祖纪》),借此收买人心,缓和部民的厌战情绪,所以当时契丹内部的阶级矛盾被局部地转移到对外战争中去了。至于陷入辽境的汉人,虽受着严酷的剥削和压迫,但与关内的同胞相比,其境遇还算是较优的,因为契丹地区的社会秩序比较安定,不像关内那样混乱不安，土地问题也不像关内那样严重。所以就内部来看，当时契丹、汉之间的民族矛盾并不尖锐。这样，辽朝与中原王朝比较，政治优势显然在辽朝这一边。中原那些相攻不已的统治阶级，为了孤立对手，不惜屈辱求助，贪图苟安；竞相结纳契丹，更使契丹在对外战争中掌握了主动权。

辽初契丹南进，首当其冲的是后唐（同光元年即923年四月以前其主称晋王）。后唐很有些久经战阵的锐兵劲马，但主要配置在南线，其北线的兵力比较单薄。契丹虽不得深入，而游骑常出没在幽蓟之间，趁隙掳掠。

神册二年及六年（917及921），后唐（晋）边将卢文进、王郁先后降于辽，"皆驱率数州士女，为虏南藩"，他们率领契丹骑兵骚扰燕地，严重地破坏了当地的社会生产。但是，在他们裹胁和驱迫下流入辽境的汉族劳动人民，则起着截然相反的作用，他们给辽的社会经济注入了一股旺盛的活力，并且与契丹人民建立了友谊，"教其织纴工作，中国所为，虏中悉备"（《辽史拾遗》引《唐明宗实录》）。

阿保机加意选拔有政治头脑和统治经验的汉族士人，置诸左右，委以重任，用作建设国家机器和决定统治方略的谋士。在这些汉人中，起了最大作用的是韩延徽、韩知古和康默记。韩延徽初为燕主刘守光参军，聘于契丹，留不遣，后乃见用。"延徽始教契丹建牙开府，筑城郭，立市里，以处汉人，使各有配偶，垦艺荒田。由是汉人各安生业，逃亡者益少。"（《契丹国志·太组大圣皇帝》）"凡营都邑，建宫殿，正君臣，定名分，法度井井，延徽力也。"（《辽史》本传）至于说"阿保机攻党项、室韦，服诸小部，皆延徽谋也"

（《新五代史·四夷附录》），则似未可深信。韩知古乃阿保机南征所获。辽初诸事草创，"仪法疏阔，知古援据故典，参酌国俗，与汉仪杂就之，使国人易知而行"（《辽史》本传）。康默记少为蓟州衙校，阿保机南征得之。"一切蕃汉相涉事，属默记折衷之，悉合上意。时诸部新附，文法未备，默记推析律意，论决重轻，不差毫厘。"（《辽史》本传）总之，这三人在安置汉俘、扶持农业生产、建设城市和拟定官制、法制、税制等方面做了不少工作，对辽朝的创建是出了大力的。这三人还都有军功，所以都是所谓"佐命之臣"。康拜左尚书，二韩并累迁中书令。此外，辽初任用汉人尚多。辽朝"既尽得燕中人士，教之文法，由是渐盛"（《旧五代史·契丹传》）。

阿保机见汉地未易轻取，又鉴于后方还有来自侧面的威胁，就转而东图渤海，西图回鹘、党项、吐浑、阻卜（鞑靼）、乌古、敌烈和突厥遗部。渤海国建立于七世纪末，王位由大氏世袭，官制摹拟唐朝。阿保机对这个邻国是有所顾忌的，做过几次试探性的进扰，都未得逞，所以他决定首先着力经营西北。

先是，在神册元年（916），阿保机"亲征突厥、吐浑、党项、小蕃、沙陀诸部，……俘其酋长及其户万五千六百，铠甲、兵仗、器服九十余万，宝货、驼马、牛羊不可胜算"；在神册四年，击乌古部，"俘获生口万四千二百，牛马、车乘、庐帐、器物二十余万"。至是，在天赞三年（924），大举征吐浑、党项、阻卜等部，连战皆捷，西北底定（见《辽史·太祖纪》）。西征的成果，除了掳掠到大量人畜，并使若干部落承担了岁贡义务之外，还加强了和西域的联系。

这时，辽与渤海的关系紧张起来了。辽打算把一些汉俘移殖

到辽水中游地区，这就势必引起与渤海的冲突。西北既经平服，
阿保机就想占领渤海。天赞四年（925）末，亲征渤海，志在必得，
所以是倾师而出，还征发了一些附庸部落的武力。经过一个多月，
到天显元年（926）初就侵占渤海都城，俘虏渤海王大諲撰，接着
分兵讨伐抗拒或降而复起的渤海残余势力，除掉几个边远部落之
外，其余都相继平定。阿保机就渤海旧地改建为东丹国（因在契丹
之东，故名），立其长子突欲为东丹王，亦号人皇王。东征的成果比
西征大得多，它使辽朝一举而"得城邑之居百有三"（《辽史·地理
志》），占有了这一大片相当富庶的有广阔农田、有许多市镇、有几
处矿冶、且有鱼盐之利的土地，占据了控驭未来的强敌——女真的
据点，并解除了南进的后顾之忧。

其后数月，阿保机去世，谥号太祖。次子尧骨（耶律德光）继
位，是为太宗。

四、辽朝同中原王朝的关系

1. 辽朝同后唐、后晋、后汉、后周的关系

太宗即位后，辽朝的内外形势都有显著的变化。就内部来说，
人民久受战争之苦，阶级关系紧张；在统治阶级中，由于具体利益
的冲突，述律太后残杀了许多势要人物，众志不一；太宗兄东丹王
因不得继位，且受太宗猜忌和约束，也心怀异志。就外部来说，中
原在后唐明宗的统治下，革除了一些苛税杂役，整顿了吏治，"兵

革粗息，年谷屡登"（《新五代史·唐纪》），社会情势好转；骁将
悍卒，屯驻要地，边备相当森严。由此，在辽朝的汉族降将中，就
有人动摇了。太宗即位不久，镇守平州的卢龙节度使卢文进，因部
下汉人都切望返回故乡，经明宗密遣使招诱，率其众十余万、车帐
八千乘归后唐，这对辽朝是一个不轻的打击。太宗命将南进，再夺
平州。旋与后唐叛将王都所部会合，南过定州，进围曲阳。后唐北
面招讨使王晏球迎战，大破之。太宗遣军来援，亦为王晏球所破。
民心的向背对后唐的胜利和辽军的失败显然是有重大关系的。辽
军既败，"其余众溃投村落，村落之人，以锄耰白梃，所在击杀之"
（《新五代史·王晏球传》）。辽朝先后出动骑兵七千，"殆无孑遗"，
"其得脱归国者不过数十人，自是契丹沮气，不敢轻犯塞"（《资治
通鉴·后唐纪》）。接着，代卢文进为卢龙节度使的张希崇又杀死平
州的契丹将领，悉举所部二万余口奔后唐。未几，东丹王也浮海奔
后唐。至此，辽朝丧失了先前所曾占有的优势和主动权。

　　可是，当时的后唐还有一个未除的痼疾，就是分据各地的藩
镇仍有专擅之权，彼此勾心斗角，矛盾重重。他们为了达到自己的
目的，可以不择手段，不顾民族的利益，所以后来局势发生了急转
直下的变化。936年（辽天显十一年，后晋天福元年），后唐太原节
度使石敬瑭为了夺取后唐的天下，乞援于辽，不惜把山南代北的
幽、蓟、瀛、莫、涿、檀、顺、新、妫、儒、武、云、应、寰、朔、蔚十六
州拱手割让给辽，并许岁贡帛三十万匹，对辽太宗自称"儿皇帝"。
从此，辽朝夺得了有大宗税入的大批州县，夺得了一些工商业比
较发达的城市，夺得了幽州和大同这两个战略据点，占取了北负山
险、南窥平野的高屋建瓴之势。

由石敬瑭建立的王朝是后晋，尔后继后晋而起的是后汉。在晋汉两朝统治下，政治腐败，赋役繁苛，水利失修，耕种失时，中原的社会经济愈加衰退了。两朝的统治阶级，唯以聚敛为能事，对外敌则是妥协乃至投降。在将帅中，愿以十万横磨剑与契丹较一日之短长如景延广的，在朝臣中，以"稽颡于穹庐"为耻如王权的，已不可多得；至于坚决作战、虽死不辞如吴峦的，就更少了。但是，统治阶级的媚敌行径在人民群众里引起了严重的不满，辽朝的贪得无厌则使统治阶级中的一些成员也渐生反感，所以在后晋晚期，与辽朝的关系又恶化了。契丹的不断侵掠使河北人民备遭蹂躏。后晋的军队不是不能打仗，他们的步兵曾经在劣势中奋起反击，打得契丹骑兵大溃。可是内部社会经济实在已经残破不堪，在后晋季年，"民饿死者岁十数万"（《新五代史·景延广传》），难以长久支持了。945年（辽会同八年，后晋开运二年），辽师大入，陷贝州后，节节南进。辽军的南进和取得胜利，与有些汉族将帅叛降辽朝有很大关系。赵延寿怂恿在先，杨光远勾引在后。末了，后晋唯一可以倚重的将军杜重威也全军以降，于是辽军就长驱直入了。杜重威这人本来就是一个搜刮的能手，当民间乏食的时候，他所积的私粟竟有十余万斛。946年（辽会同九年，后晋开运三年），辽军入大梁，后晋"始以契丹而兴，终为契丹所灭"（《新五代史·景延广传》）。

辽朝既灭后晋，声威大振。不过辽朝的胜利是暂时的、表面的，其实这场战争的结果是两败俱伤。"契丹连岁入寇，中国疲于奔命，边民涂地；契丹人畜亦多死，国人厌苦之。"（《资治通鉴·后晋纪》）可见，这场战争不但严重地损害了汉族人民的利益，也严重地损害了契丹人民的利益；不但汉族人民反对契丹统治阶级发动的掠夺战争，契丹人民也并不甘愿充当契丹统治阶级进行掠夺战争的工具。

辽太宗入大梁后，改号大辽，改元大同，有久据中原之意。可是在他身上，却看出了契丹部落贵族的野蛮性和掠夺性。他在大梁"广受四方贡献，大纵酒作乐"，毫不关心如何安定残局、抚慰人心。契丹军队的粮秣，一向由军士自行筹措，因此契丹军队到处强征民间粮草，谓之"打草谷"。以打草谷为名，大肆剽掠。中原地区"丁壮毙于锋刃，老弱委于沟壑。自东西两畿及郑、滑、曹、濮，数百里间，财畜殆尽"。以犒赏军士为名，"括借都城士民钱帛，自将相以下皆不免。又分遣使者数十人诣诸州括借，皆迫以严诛，人不聊生。其实无所颁给，皆蓄之内库，欲辇归其国。于是内外怨愤，始患苦契丹，皆思逐之矣"。"又多以其子弟及亲信左右为节度使、刺史，不通政事。华人之狡狯者，多往依其麾下，教之妄作威福，掊敛货财，民不堪命。"这种野蛮的掠夺，激起了中原人民的同仇敌忾，他们用广泛的起义来回答辽军的侵暴残害和中原官僚地主阶级的投降行为。起义迅速蔓延，分布在各地的人民武装"多者数万人，少者不减千百"，先后攻拔相、宋、亳、密等州。辽太宗到这时才发现："我不知中国之人难制如此！"他在大梁住了不满三个月，就仓皇北遁了。临去时，"尽载府库之实以行"（以上引文俱见《资治通鉴·后汉纪》）。辽太宗承认："我有三失：杀上国兵士，打草谷，一失也；天下括钱，二失也；不寻遣节度使归藩，三失也。"（《旧五代史·契丹传》）契丹统治者与汉族人民的矛盾是当时国内的主要矛盾，这个矛盾在实质上是阶级矛盾，它是在民族关系上表现出来的阶级矛盾。契丹统治者入占中原后,不是减轻而是加剧了阶级矛盾,又使民族矛盾也随之激化,这就是契丹统治者不能把在战争中获得的胜利保持下去的根本原因。

947年(辽大同元年,后汉天福十二年)初夏,辽太宗在北返的途中,病死于栾城县境。据说,丧车至国,太后不哭,曰:"待诸部宁一如故,则葬汝矣!"(《资治通鉴·后汉纪》)可见,辽太宗的南征在契丹内部也是不得人心的,使契丹诸部不宁,也就是说,使契丹内部的阶级矛盾也加剧了。

有一部分汉族官僚地主,以原任后晋河东节度使的刘知远为首,在这场战争中采取坐山观虎斗的态度。就在契丹兵马北撤这一年春天,刘知远在太原称帝,国号汉——即后汉,待辽太宗北返后,轻易地抢占了中原。先前被辽军攻取的后晋州县,除易州外,全为后汉所得。刘知远这人当初也勾结辽朝,称辽太宗为父,即帝位后仍力求不与辽朝发生冲突,唯自保是图。继位的刘承祐也步其后尘,当大将郭威"请勒兵北临契丹之境"时,被他制止。后汉的国祚只有四年,继起的是郭威建立的后周。郭威立三年死,养子柴荣嗣立,是为后周世宗。

后周(951—959)是一个短促而颇有作为的王朝。柴荣在郭威初步经营的基础上,为了恢复国家的统一和稳定,在经济、政治、军事上进行了若干不无成效的改革,国内形势明显地好转。他兼并了相邻的几个王朝,使后周的统辖范围逐渐扩大。

同时,辽朝却中衰了。太宗南征,民力疲弊,人心怨愤。太宗死后,弟李胡与侄兀欲争立,结果李胡失败,由兀欲继位,是为世宗。世宗"荒于酒色,轻慢诸酋长,由是国人不附,诸部数叛,兴兵诛讨，故数年之间，不暇南寇"(《资治通鉴·后汉纪》)。951年 (辽应历元年，后周广顺元年)，其燕王及太宁王杀世宗。乱平后，诸大臣奉太宗子述律为王，是为穆宗。穆宗喜田猎，好击鞠，常以细故杀人，不大过问国事，"每夜酣饮，达旦乃寐，日中方起，国人谓之睡王"(《资治通鉴·后周纪》)。偶而举兵南下，都是骚扰性的。952年 (辽应历二年，后周广顺二年)，瀛、莫、幽州大水，民多流离失所，因辽朝无力赈济存处，有流民数十万口涌入后周境内(见《资治通鉴·后周纪》)。此后，还陆续有一些汉民越境流入后周(《五代会要》引后周显德二年诏曰："近北诸州，自契丹离乱，乡村人户多被番军打虏向北，近来多有百姓自番界回来。")。

　　拿这时的辽朝与后周作比较，强弱之分可不言而喻。958年 (后周显德五年，辽应历八年)，后周对南唐的战争告一段落，长江以北原为南唐所有的十四个州纳入了后周的版图，后周国力益充，兵威益盛。于是，世宗在959年 (后周显德六年，辽应历九年) 大举伐辽。这次伐辽，确是"乘其胜威，击其昏殆"，选中了"不可失之机"(《新五代史·周纪》及同书《四夷附录》)。柴荣亲征，军行迅速，在离大梁四十四日后就占领了瀛、莫、易三州和瓦桥、淤口、益津三关，其中只有易州是最后用武力攻克，另外五处都是望风迎降的。本来，后周的军队可以继续北上，然而与柴荣的意图相反，从行诸将认为"未宜深入"，柴荣自己又偏偏得了病，于是北伐中辍。在有些史书中，可以看到这样一种说法，把后周这次北伐的中辍单纯地解释为由于柴荣得病，认为似乎只要柴荣不病，燕云失地必可指日尽收，北伐必能竟其全功。这种说法是不够全面的，是因为没有对当时的复杂形势作全面分析而形成的。当时的形势是："乘其胜威,击其昏殆",这是有利的一面,而且是主要的一面。但是,除此而外,还有不利的一面:南唐虽已退保江南,仍未放弃重收江北失地的企图,且经常密遣使以腊丸书结援于辽朝;河东地区有一个与后周同时建立的北汉,也以辽朝为外援,与后周相对抗;辽朝虽中衰,仍不可等闲视之,其主力屯聚在幽州以北,尚未出动,有以逸待劳之势[①],且已遣使急告北汉出兵配合;后周本身虽日见其盛,但承前朝久弊之余,财力还不十分充沛。因此,后周的战机固然选得恰到好处,终须以速决及适可而止为上策。如击破辽军主力,则乘胜逐北;如推进到一定程度而出现了相持不下的局面,则不得不适可而止,留必需的兵力扼守拒御。反之,如旷日持久,不利因素的作用将增大,北汉必捣其侧,南唐也可能掎其后,这样三面受敌,就难免顾此失彼。柴荣进军极速,可见他对形势是有充分认识的。但是,正因为有上述不利因素存在,从行诸将公然在庆功宴上提出了与柴荣意图相反的建议——"未宜深入",这却是柴荣未曾想到的,必然会使柴荣在是否大举深入这一点上费些踌躇。综上所述,后周这次北伐中辍的原因实有两个:其一为柴荣得病,其二为柴荣因从行诸将意见相左而有所顾忌。柴荣得病后,虽停止北伐,仍命将西攻北汉,这也可以说明他不是完全放弃进攻计划,而只是对北上与辽军主力决战有所顾忌。

960年(宋建隆元年,辽应历十年),宋取代后周。

[①]《五代史补》谓后周占取瓦桥关以南之地后,"蕃部之在幽州者,亦连宵遁去"。时辽朝方拟兴师迎击,幽州守军岂有擅自后撤之理?且幽州距瓦桥关尚远,何须连宵遁去?故不可信。

2. 辽朝同北宋的关系

宋初把全部精力用在整顿内部和讨伐南方的封建割据政权上，对辽朝采取来则备御、去则勿追的方针。开宝二年及九年（969及976），宋太祖两次进攻北汉，都因为辽军援助北汉而没有成功。这样一来，在宋朝的统治阶级中，就产生了一种过高估计辽朝力量的思想倾向。宋朝在后周的基础上，继续实行了一些有利于生产发展的措施，社会经济得以迅速恢复和逐渐上升。还先后扫平南方的封建割据势力，统一了中原和江南。又取消勋臣宿将和地方藩帅的兵权，巩固了中央集权的统治。在太平兴国元年（976），全国已有三百余万户。

979年（宋太平兴国四年，辽乾亨元年），宋太宗亲征北汉，灭之，乘胜移师河北，连下数郡，进围幽州。这时，辽朝在景宗统治下，经过二十来年的休养生息，社会经济形势也逐渐好转，但是与宋朝相比，究竟还差得多。所以，就辽宋双方的力量对比来看，宋朝占着优势，光复燕云失地是大有指望的。可是，在过高估计辽朝力量的思想倾向支配下，宋太宗和他的将领们对这次战争缺乏必胜的信心；宋太宗本人又在军事部署上犯了严重错误，重兵云集，然而没有作成一种可以相互救援的机动配置，对敌军主力的动向也不够了解。结果辽方援军大至，左右夹攻，高梁河一役宋军惨败，全线溃退。

986年（宋雍熙三年，辽统和四年），宋太宗再度命将大举伐辽，兵分三路：曹彬、米信出雄州，田重进出飞狐，潘美、杨继业出雁门。这次宋太宗又犯了严重错误，三路大军不能有效地配合，粮草接济不够及时。起初，三路皆以捷闻。辽方一面调集各路援军，一面纵令宋军深入，待宋军疲惫，就重施故技，来了个两路夹攻，首先击溃宋东路军于岐沟关，继而击败宋中路军于飞狐。宋西路军闻讯急撤。惟杨继业奉命救援他路，悬军深入，败于陈家谷，负伤被执，不屈，绝食死。至此，宋朝的这次进攻又完全失败了。辽军不时南扰，在989年（宋端拱二年，辽统和七年）夺占了易州。

此后，辽朝鉴于宋朝的强大，极力修治内政，大量起用汉人，均赋税、劝农桑、修武备，并取消了一些歧视汉人的做法，国内的阶级关系和民族关系都得到了一定的调整。986年的那次战争，使燕云地区遭受了不轻的破坏，如山西四州，"自宋兵后，人民转徙，盗贼充斥"。经过十多年，治愈了战争创伤，农业和手工业都显著地发展了（关于辽代的生产发展情况，详见本书第三章）。宋朝方面却是另外一种景象。宋朝不像先前有些朝代所做的那样——开头造成许多小自耕农，而是在酌量调整小自耕农负担的同时，纵容和助长大土地占有制的发展，这是因为宋朝几乎原封不动地接受了那些被它征服的地方王朝的社会经济制度，以及宋朝采取优容官僚地主以换取他们对中央集权的支持的政策。所以，在宋初，国内就存在着深刻的阶级矛盾。伴随着经济的繁荣，阶级关系也紧张起来。那些养尊处优的官僚地主，大多只图维持国内现存的秩序，维护他们对劳动人民的剥削和压迫，深恐与辽朝兵连祸结会摇动人心，会因为可能的失败而危及他们的统治，于是逐渐放弃了收复燕云的打算。主战、主攻的虽也不乏其人，可是主和、主守的更多。端拱二年（989），宋太宗令群臣言战守之宜。吏部尚书宋琪主张相机攻取，而户部郎中张洎则主张一味固守。张洎上疏略谓："缮修城垒，依凭险阻，训戎聚谷，分屯塞下，来则备御，去则勿追,策之上也。偃革橐弓,卑辞厚礼,降王姬而通其好,输国货以结其心,虽屈万乘之尊,暂息三边之戍,策之次也。练兵选将,长驱深入,拥戈铤而肆战,决胜负于一时,策之下也。……倘后日之战,复有杀将覆军之祸,则赵、魏、镇、定,畴能守之,人心一摇,天下事去矣!"(《续资治通鉴长编》卷三一《太宗》)宋太宗本人自从两次北伐失败,也丧失了战胜辽朝的信心,因此,对宋琪只虚言嘉勉,对张洎的建议则"颇采用之"。在知雄州何承矩的首创下,宋朝疏通了河北缘边地区的河渠塘淀,并筑堤蓄水,自保州至泥姑海口,屈曲延伸几八百里,借以阻遏辽朝的骑兵。

辽朝看清了宋朝的弱点,就采取主动。经过长期准备和多次试探,在999年(辽统和十七年,宋咸平二年)冬与师南下,遭宋军顽强抗击,不得逞,在次年春撤退。至1001年(辽统和十九年,宋咸平四年)冬,辽朝把镇抚西北有功的萧挞凛调任南京统军使,倾全国之力大举南下。辽圣宗及其母萧太后都亲自出动,调度各路兵马。战经两年,辽军在1004年(辽统和二十二年,宋景德元年)冬进入河南北部。宋廷大震,妥协派要求迁都避难及屈膝求和的呼声,一时甚嚣尘上。但宰相寇准是主战派,他力排众议,奉宋真宗亲征,同时飞檄调集援军。当时河北、河南人民纷纷起兵抗辽,各方援军也先后开到,见宰相奉皇帝亲征,民心激昂,士气高涨,辽军为之夺气。辽宋两军在澶渊之北展开了一场恶战,萧挞凛中伏弩死,辽军少却。先是,宋朝已遣使与辽朝议和。辽军既受挫,掌权的萧太后也有了求和之意。宋朝本来不难把辽军击退,可是妥协派终竟占了上风,怯懦的宋真宗本人也是妥协派。淳化四年—至道元年(993—995)的王小波、李顺起义和至道三年（997）、咸平三年（1000）的兵变，在宋朝皇室和官僚地主的心中犹有余悸，他们唯恐人民的发动越出朝廷的控驭范围，希望战事尽快结束，这就使主战派的主张不能实现。和议很快就达成了，宋朝允岁输绢二十万匹、银十万两给辽朝，辽圣宗同意称宋真宗为兄，双方罢兵，辽军撤回本国（易州属辽，瀛、莫二州仍属宋），这就是所谓"澶渊之盟"。辽朝发动的这次战争使人民——包括契丹人民在内——再次遭受重大损害，是非正义的战争。从宋朝方面来说，本来是正义的战争，但由于统治集团害怕人民组织和武装起来，加以压制，使战争的正义性不能充分发挥其作用，从而竟得到了一个屈辱的结局。

此后，宋朝因国内地主与农民的阶级矛盾愈演愈烈，统治阶级内部的党争也层出不穷，统治阶级在对辽朝的关系上就但求相安无事，虽明知辽朝的财源和兵源都不如自己[①]，仍尽力避免重开战端。辽朝方面，乐得每年坐收大宗岁币，也不再打算劳师南征了。可是辽朝仍不放弃可以借故敲诈的机会。1042年（辽重熙十一年，宋庆历二年），宋朝牵制在对西夏的战争中，北防空虚，辽朝便以收复瓦桥关以南瀛、莫二州为借口，调发兵马，扬言南征。宋朝惊惶之余，竟甘愿每年增纳绢十万匹、银十万两给辽朝。1075年（辽大康元年，宋熙宁八年），为了平息一宗边界争议，宋朝又割河东缘边之地一段给辽朝。

---

①《宋朝事实》卷二十："计其（辽）所出所产，未必敌河东、河北州郡也；其他方兵旅，大约计之，未必满三十万。"

按照某些宋人的说法，宋朝对西夏用兵，岁费五倍于输纳给辽朝和西夏的岁币，此外还要损兵折将（见《曲洧旧闻》）。这当然是为宋朝的屈辱求和辩解。岁币年年都要支出，兵费只用于一时，如何能拿一年的岁币同一年的兵费相比。而且，这种说法是把自己置于必败之地来提出的。其实，宋朝对辽朝和西夏奉行"输国货以结其心"的政策，是加深了国内的阶级矛盾。北宋农民起义领袖方腊就尖锐地指出过：宋朝除了"声色、狗马、土木、祷祠、甲兵、花石糜费之外，岁赂西北二虏银绢以百万计，皆吾东南赤子膏血也。二虏得此益轻中国，岁岁侵扰不已。朝廷奉之不敢废，宰相以为安边之长策也。独吾民终岁勤动，妻子冻馁，求一日饱食不可得"（《泊宅编》）。

对辽朝来说，澶渊之盟当然是极其有利的，巨额的岁币改善了国家的财政状况。辽朝的财政收入，绝大部分被用来供养皇室、贵族和官僚机构。澶渊之盟订立之后，辽宋的关系形成了一个暂时的稳定局面。辽朝更多地采纳中原地区进步的生产技术和科学文化，生产逐渐得到恢复和发展。辽统和二十五年（1007）辽兴建中京，后来便发展成为一个重要的政治经济中心。

五、总　　论

1. 疆域、行政区划、户口

辽朝极盛时期的版图，北至克鲁伦河、鄂尔昆河、色楞格河流域,东临黄海,南至河北中部及山西北部,西近阿尔泰山。

辽代分设五京:

上京临潢府——在今内蒙古自治区巴林左旗,始建于神册三年 (918),初名龙眉宫,会同元年 (938) 定为上京。

中京大定府——在今内蒙古自治区宁城县,始建于统和二十五年 (1007)。

东京辽阳府——在今辽宁省辽阳市,神册四年 (919) 葺辽阳故城,天显三年 (928) 升为南京,会同元年 (938) 改为东京。

南京析津府——在今北京市,会同元年 (938) 以幽州为南京。

西京大同府——在今山西省大同市,重熙十三年 (1044) 升云州为西京。

辽朝"总京五,府六,州、军、城百五十有六,县二百有九,部族五十有二,属国六十"(《辽史·地理志》。六府即五京五府加兴中府。"部族"即部落。"属国"绝大多数亦为部落)。

辽朝的户口,据《辽史·营卫志》所记,二帐、十二宫、一府、五京总计1642800丁。若以每户二丁计 (《辽史》所记宫卫及州县丁数皆为户数之倍),约有820000户;若以每户二点二丁计 (南京、西京两道有402100户, 888700丁, 平均每户二点二丁),则约有750000户。上述统计数字比实有户口数字肯定要低得多,因为: (1) 部落丁数无考,未计入; (2) 中京道丁数亦无考,亦未计入; (3) 还有许多隐户和隐丁,更不消说是在统计数字之外的。由此估计,辽朝实有户数当在一百万以上,实有丁数当在二百万以上,实有人口当不下四百万[①]。

2. 契丹的统一和发展，以及对耶律阿保机的初步评价

辽朝是在契丹部落联盟的基础上发展起来的，它把先前只有军事联盟关系的契丹八部统一起来，打破了部落和公社的狭隘性和保守性，加强了契丹内部的联系。它又把契丹人民同国内其他各族人民结合起来，在一定程度上也打破了民族界限，增进了契丹人民同汉族人民和其他各族人民的联系。这些，都为契丹社会的发展和进步创设了有利条件。

部落联盟是"形成民族的第一步"。当辽朝建成之后，契丹在形成民族的道路上又跨出了第二步，即统一成为"部族"了。部落联盟的出现，是和初步的阶级分化联系着的。国家的出现，则是和阶级结构的确立以及阶级斗争一定程度的开展联系着的。契丹贵族征服和奴役相邻各族人民的活动，对最终葬送契丹的原始公社起了巨大的作用。自由的契丹部民在被贵族利用来侵害了别族人民之后，他们自己也无可挽回地丧失了自由。这个转化的过程，正如马克思所讲过的："假如与土地一起，也征服了作为土地有机从属物的人本身，那么，他们就也征服了作为生产的条件之一的人，这样便产生了奴隶制和农奴制，奴隶制和农奴制迅速改造和改变一切集体的原始形态，本身就变成它们的基础。简单的组织因此便具有否定的意义了。"（马克思：《资本主义生产以前各形态》，人民出版社1956年单行本，第27页）契丹社会在汉区封建社会强有力的

---

①关于辽朝的户口，可参考《历史研究》1958年第8期费国庆撰写的一篇文章。

影响下，走上了封建化的道路，从正在解体的、包含着奴隶制成分和其他早期奴役形式的原始公社，过渡到了以农奴制为主导的形态（关于这个问题，在本书第四章中还要细谈）。

辽代契丹的经济和文化大踏步地前进了。世代经营的畜牧业生产有大幅度的上升，如群牧马匹繁殖的最高纪录曾达到百万。但这还不是主要的。主要的是自从辽朝成立，契丹人民越来越多地转为半农半牧（说得恰当些是主牧副农），树立了比较稳固的经济生活，同时，纺织、冶金、陶瓷、建筑等手工业也有空前的发展。文化方面，辽初先后创制成功契丹大字和小字，改变了原来刻木记事的蒙昧状态。汉族文化得到广泛传播，医药、历算和其他科学知识在契丹人民中逐渐普及。

如果契丹没有统一起来，如果不是因为创立辽朝而增进了契丹内部以及契丹同汉族和其他兄弟民族的联系，那么，所有上述进步和成就都将是不可设想的。

所以，归结起来说，辽朝的创立是契丹历史上一件划时代的大事。

由此也就可以肯定，辽朝的创立者——耶律阿保机和他的追随者，对契丹的统一和发展曾做出一定的贡献。

诚然，阿保机所奋力争取的是契丹贵族的利益，辽朝的国家机器是契丹贵族借以实行阶级统治的工具。这样的认识并不贬低阿保机对契丹历史发展所曾起的推动作用。我们必须正确地理解阿保机活动的阶级性和时代性。在那个时代里，实现统一是契丹社会发展的客观需要，也是契丹人民的热切愿望，所以，在统一事业上，阿保机遭受的阻力仅仅来自贵族保守集团，在击溃了贵族保守集团之后，他就顺利地统一了八部。这个事实足以说明，阿保机是利用了人民要求统一的愿望来完成统一事业的。阿保机的贡献在于，他狂热地为实现统一八部的雄心而斗争，无情地扫除了梗塞在前进道路上的障碍，这也就是顺从社会发展的必然趋势，以不懈的努力壮大自己的力量，来加速内部统一的进程。

辽朝从它成立之日起，便着手推广封建制度，并大力发展农业、手工业和商业，从而促进了契丹民族和契丹地区社会经济的发展。寻根究底，这主要地应当归功于包括汉族人民在内的辽朝各族人民。契丹地区与中原地区之间历史悠久的经济联系，契丹人民与汉族人民之间传统的友好合作关系，决定了契丹社会可能采纳并且必定采纳汉区先进的物质生产技术和社会经济制度。汉族人民反抗落后的奴役形式的斗争，例如遭受奴隶待遇的汉俘纷纷逃亡等，又迫使辽朝的统治者们不得不采用封建的奴役形式。同时也应该承认，阿保机在这一方面表现出了开明的见识，执行了坚定的政策，正是这种开明的见识和坚定的政策赋予他的活动以进步意义。另一方面，阿保机和他的追随者也曾经严重地破坏了华北部份地区的社会生产，关于这一点，准备放在下一节《辽朝的历史作用》里面讨论。

阿保机还注意从被征服民族中选用人才，尤其重用汉人。他对被征服民族实行因俗而治，曾经分别制定蕃汉两种法律。这些，也都可以说明他是颇有政治头脑的。在军事上，阿保机虽然没有表现出卓异的天才，但也称得上是一个优秀的统帅。对交战双方的力量对比，他有比较切实的估计。在劣势下、在败局中，能临危不乱，作有秩序的退却，这一点曾使晋王李存勖为之叹服①。反之，在时机成熟、条件具备的场合，他能集中主力投入决战。这些个人才具方面的长处，使阿保机得以比较顺利地完成他的历史使命。

当然，必须看到，阿保机的功业是在当时已经成熟的社会条件下，在他的先驱者所已达到的基础上建立起来的。而且，他的个人才具也是当时社会条件的产物。

还必须看到，如果仅仅有契丹社会自身所已具备的种种条件，契丹还未必能勃兴，更未必能建立国家。假如当时蒙古草原上有一个强大的民族，假如当时中原地区有一个统一、强大的王朝，那么，阿保机在一度受挫后将处于进退维谷的境地，或许就会一蹶不振而没没无闻了。阿保机的幸运之处，在于曾经相继统治过契丹的突厥和回鹘已先后衰微，以及唐末和五代时期中原政权的分裂和边防力量的削弱，造成了有利于契丹勃兴的历史环境。从这个角度来看，可以说，辽朝的出现是当时中国分裂局势的一个侧面。

如果把阿保机同早于他六个世纪的慕容廆及其子慕容皝相比，可发现彼此颇有相似之处。慕容廆父子都容纳汉族移民，任用汉族士人，发展农业，推行封建的生产方式。在他们统治下，慕容鲜卑崛起在辽水下游，并创建了前燕王朝。阿保机的所作所为，在某些方面同慕容廆、慕容皝相似。这不是偶然的，而是因为4世纪上半叶的慕容鲜卑同10世纪上半叶的契丹有类似的社会条件和历史环境：在内部，是原始公社的解体和阶级结构的确立；在外部，

────────────

① 《资治通鉴·后梁纪》：龙德二年（922），契丹为晋王所败，北撤，"晋王引兵蹑之，随其行止，见其野宿之所，布藁于地，回环方正，皆如编剪，虽去，无一枝乱者，叹曰：'虏用法严，乃能如是，中国所不及也！'"

是中原政权的分裂。这使我们看到，类似的历史条件可能会出现彼此相似的历史人物的。

3. 辽朝的历史作用

契丹统治阶级发动的战争，曾经给中国北方各族人民带来巨大的灾难。契丹骑兵所经之处，往往村落为之一空。辽太祖以卢文进为卢龙节度使，"率奚劲骑，倏往忽来，幽蓟荆榛满目，寂无人烟"（《辽史拾遗》引《唐明宗实录》）。辽太宗攻灭后晋，大军所过，"城邑丘墟"（《资治通鉴·后汉纪》）。沉重的战争创伤使华北的社会经济在将近一个世纪内显著地衰退了。这是辽朝在历史上所起的消极作用，是以阿保机为首的契丹统治阶级的罪过，不看到、不承认这一面是不对的。

还应看到，当时社会经济衰退的趋势不仅见于华北，也见于中原。藩镇的交相攻伐，使中原的社会经济也受到了严重的摧残。宋至道二年（996），太常博士直史馆陈靖上言："今京畿周环二十三州，幅员数千里，地之垦者十才二三，税之入者又十无五六。"（《宋史·食货志》）遗害之重可想而知。因此，藩镇割据对社会生产的破坏也是非常严重的。加上契丹的侵扰还因有汉族地主阶级的某些政治代表人物的怂恿和勾引才更能得逞，所以我们不仅把契丹统治阶级看作是破坏当时社会生产的首恶元凶，而那些藩镇和变节投降、为虎作伥的汉族官僚，同样也是剥削人民、破坏社会生产的人。

辽朝的统治在历史上所起的作用，除了消极的一面以外，也有积极的一面，不看到、不承认这一面也将失之偏颇，这主要是辽朝各族人民辛勤劳动的成果。辽朝的积极作用主要有下述四点：

(1) 内蒙古和东北的开发

据《辽史》所记，当时在辽朝境内，曾经出现一派兴旺景象，"城郭相望，田野益辟"（《辽史·百官志》），上一句虽有溢美的弊病，下一句却是真实的写照。我们国家的内蒙古和东北地区，在辽代确实得到了广泛的开发。这是辽朝各族劳动人民共同建树的历史功勋，辽朝的移民政策和屯垦政策则起了推动作用。陆续流入这个地区的大量汉人，带去了比较先进的生产方式，他们是这项艰巨的开发事业的主力。单是汉人的分布之广及人户之众，就足以说明这个事实了。上京道是个各族杂处的地方，以契丹人、汉人和渤海人居多，而临潢府市内则"并、汾、幽、蓟之人尤多"（《契丹国志·胡峤陷北记》）。中京道初为奚族聚居区，而"汉民杂居者半"（《辽相国贾师训墓志》）。东京道初为渤海人聚居区，而"汉民更居者众"（《辽相国贾师训墓志》）。内蒙古和东北地区发现的许多辽代汉文碑，也令人信服地证实了汉人分布的既广且远，最远的达到今哈尔滨附近。"辽海编户数十万，耕地千余里"（《宋会要辑稿·蕃夷》引宋端拱二年（989）宋琪疏），汉人无疑是数十万编户的主要组成部分，无疑曾经为开辟千余里耕地做出可贵的贡献。汉族与其他兄弟民族杂居共处，汉语则成为族际语了。下面这段记载是很有意义的："自黄龙府六十里至托撒孛堇寨，府为契丹东塞。当契丹强盛时，虏获异国人则迁徙杂处于此。"又云："故此地杂诸国俗。凡聚会处，诸国人语言不能相通晓，则各为汉语以证，方能辨之。"（许亢宗《奉使行程录》）

汉唐虽曾在内蒙古和东北设置郡县或府州，但大多是羁縻性

的。魏晋时虽曾有许多汉人流进这个地区，但还不深入。至于汉人
的大量移入和汉族文化的普及，则自辽代始。

(2) 对北邻各族的积极影响

辽朝是向北邻各族传导先进的物质生产技术、社会政治制度
和科学文化知识的媒介，继契丹而起的女真和蒙古，以及北邻的其
他各族，在不同程度上都曾受到辽朝的积极影响。

生女真部初无文字，亦无官府，不知历法。至金太祖阿骨打曾
祖父石鲁，始受辽封为惕隐，与辽朝建立了比较密切的联系。大概
就在这时引进了历法，所以石鲁子乌克乃就有生卒年岁可考了。乌
克乃受辽封为节度使，曾入朝觐见辽帝，"既为节度使，有官属，纪
纲渐立矣"（《金史·世纪》）。辽朝对女真的作用，同唐朝对契丹的
作用是差不多的。辽末金初，女真贵族子弟普遍学习契丹字，并仿
照契丹字创制了女真字，可见女真文化在某种程度上是以契丹文
化为借鉴的。

辽朝对蒙古和西北其他部落的发展和进步也起过有益的影
响，这种影响主要是农业生产的推广和某些科学知识的传播。辽
朝把一些汉俘安置在西北边境①，这些汉俘把农业文化随身带了
过去。耕牧和戍守在西北边境的契丹人民和契丹兵士，同那些汉俘
一样，也是向西北各族传导先进事物的使者。鞑靼，"其正朔，昔用
十二支辰之象，今用六甲轮流，皆汉人、契丹、女真教之。若鞑之本
俗，初不理会得，但是草青则为一年，新月初生则为一月"（《黑鞑

---

① 宋王延德使高昌（太平兴国六年出发，雍熙元年还朝），"至鞑靼之境，颇见晋末
陷虏之子孙，咸相遮迎，献饮食，问其乡里亲戚，意甚凄感，留旬日不得去"（《宋
会要辑稿·蕃夷》）。

事略》)。辽朝设置在西北边境的屯田,对西北各族起着发展农业生产的示范作用。有时,辽朝的个别边帅还主动地诱导西北各族改进生产技术,例如在圣宗开泰间,耶律古昱"镇抚西北部,教以种树、畜牧,不数年,民多富实"(《辽史·耶律古昱传》)。

汉文的经典著作,通过辽朝这个中间环节,也流传到一些远处边陲的部落中去了。例如在开泰元年,辽朝把《易》《诗》《书》《春秋》《礼记》各一部赐给铁骊(见《辽史·圣宗纪》)。

(3) 沟通东西方的联系

辽朝和西夏、吐蕃在宋朝的北边和西边组成了一道封锁线,隔绝了宋朝同西域的联系,也切断了宋朝和高丽之间的陆上通道。辽朝比后起的西夏强,比当时已经衰败、分裂的吐蕃更强,所以辽的上京就成了西方和东方的商旅、使节汇集的中心。在西方,辽朝的声名远远盖过了宋朝。

葱岭以西的波斯、大食和大海之东的日本,在辽初相继遣使来通好。天赞二年(923),波斯使来。其明年,大食使来。再明年,日本使来。至于高丽,因相距较近,早在阿保机即帝位的前一年(915),就同契丹有联系了。辽朝同这些国家的联系,后来益趋频繁。开泰九年(1020),大食国王遣使为其子请婚,未许。太平元年(1021),大食国王复遣使来请婚,圣宗"以王子班郎君胡思里女可老封公主,降之"(《辽史·属国表》)。大安七年(1091),日本使者来辽的有二十八人之多。葱岭以东的回鹘同辽朝的交聘关系尤为密切,辽朝除了偶尔在河西走廊用兵之外,对鞭长莫及的西域一向以友好的态度相待,因此西域的通商大道始终向辽朝敞开着。

　　国与国之间的这种联系不是单纯的外交往来，而是有经济和文化内容的，它推动了西方同东方的经济和文化交流，也增进了西方人民和东方人民的相互了解。同回鹘的交往使契丹受益非浅，契丹向回鹘学到了一些宝贵的知识。回鹘的名产西瓜是在传入契丹之后，又转而传入内地的。契丹小字是参考回鹘文创制的，与契丹大字相比，据说有"数少而该贯"的优点。统和十九年（1001），回鹘进名医，可能西域的医学也通过回鹘而传到辽国来了。

　　(4) 在分裂中创造了统一的局部条件

　　辽朝是我国历史上的一个边疆王朝。就辽朝所从产生和借以延续的历史环境来看，它是在中原政权分裂的特定情势下形成的，它的出现是当时中国分裂局势的一个侧面。关于这一点，本书已经在前面分析过了。既然如此，辽朝的独立就不是绝对的，而是相对的。再从辽朝的民族组成、经济体制和典章文物等方面来看，它有下列几个突出的特点：1. 汉人占绝大多数；2. 宋钱在辽朝市场上占压倒优势（详见本书第三章）；3. 官制、法制和其他典章文物的逐渐汉化，以及汉族文化的日益普及（详见本书第五章）。可见，辽朝与五代、北宋的边界并没有民族、经济和地理的任何基础，它完全是人为的，是辽朝统治阶级与五代、北宋统治阶级之间力量对比暂时达成一种均势的产物。上述这些特点决定了辽朝如果无力统一中国，它迟早会丧失独立的地位。因此，辽朝实质上不过是一个暂时的与中原王朝并立的边疆王朝。

　　辽朝曾自称北朝，称宋朝为南朝。宋朝为了顾全体面，不

愿降格自称南朝，当然也不愿称辽朝为北朝[①]。可是，在宋帝的
国书中，有时也以南北来代表宋辽两朝（如景德元年十二月戊子
《赐王继忠诏》及元符二年四月辛卯国书，皆见《宋大诏令集》）。
在宋臣的奏议和著述中，则经常称辽朝为北朝。欧阳修撰《新五
代史》，把契丹列入《四夷附录》，招致辽廷君臣极大的反感。
总之，辽人不愿自外于中国，宋人也并不都认为辽人不是中国的
"赤子"。

　　我国自秦汉起建立了中央集权的统一国家，但在达到今天这
样巩固的统一之前，大的统一常常与小的分裂并存，较长时间的
统一常常与较短时间的分裂彼此交替。从最初的大体统一走向
最终的巩固统一的历史行程，不是笔直的，而是曲折的。边疆与
中原政权的暂时分裂，随着历史条件的改变，又必将转化为更高
程度的统一。辽朝与五代、北宋的对立，造成了北部边疆与中原
地区二百多年的分裂，但就在这个分裂期间，辽朝在它的领土上
进行的开发事业，以及辽国各族人民相互联系的加强，从长远的后
果来看，却正是证明了它为尔后中国在元代的统一创造着局部的
条件。

---

① 辽宋议和，互致誓书，宋原拟称辽为北朝，大臣王曾以为太重，请但称其本号，朝议
　题之，乃改以国号相称。1052年（辽重熙二十一年，宋皇祐四年），辽兴宗致宋仁宗
　国书中去国号而自称北朝，辽使且谓国书称大宋、大契丹与兄弟之礼不合，宋碍于
　所谓夷夏之防，廷议不从，复设辞婉拒其请。

第三章

辽代契丹的社会生产情况，农、牧、工、商各业的发展

一、辽代契丹的社会生产情况

1. 农业生产的推广，契丹从游牧转为半农半牧

从萌芽状态的种植和养畜经济过渡到游牧经济，是一个大的进步。尔后从游牧经济再过渡到比较发达的农牧二业有机结合的经济，是一个更大的进步。辽代契丹社会生产的进步，首先就表现在农业的逐渐普及上。前面讲过，契丹早已脱离"纯粹"游牧的生活，农业在遥辇时期的契丹社会中已有初步的发展。不过，当时的农业生产活动还是不普遍和不固定的，对终年流动的契丹牧民来说，它只是一种间或从事的副业。这种情况，从辽初起，就逐渐改变了。陆续流入契丹地区的大量汉人，带去了丰富的农业生产经验，有力地推动了契丹农业的发展。在汉人的影响下，契丹人越来越多地懂得并熟悉了稼穑之事，转向半农半牧了。

天赞元年（922），因北大浓兀部"户口滋繁，糺辖疏远"，诏分为二，"程以树艺，诸部效之"（《辽史·食货志》）。可见，当时在契丹部落和附属部落中，农业已渐渐推广，一些边远的部落也有了农业。会同二年（939），欧昆、乙习本、斡纳阿剌三个石烈奉诏徙至"水草丰美"的乌古地方①，翌年朝廷又把海勒水（今海拉尔河）及胪朐河（今克鲁伦河）之近地赐给他们"以事耕种"。上述三个石烈都属于迭剌部，他们既有乌古的草原作为牧场，又有海勒水

---

① 据《辽史·太宗纪》及同书《食货志》《营卫志》。欧昆亦作欧堇突吕，乙习本亦作乙斯勃，斡纳阿剌亦作温纳河剌，纪与二志用名不一。

及胪朐河之近地作为农田，没有疑问是过着既农且牧的生活。应历 (951—968) 初，耶律挞烈任迭剌部南院大王，"均赋役，劝耕稼，部人化之，户口丰殖"，"年谷屡稔"，"朝议以为'富民大王'云"（《辽史·耶律挞烈传》）。这时，在迭剌部中，农业显然已占相当重要的地位了。

大约在辽代中叶以后，半农半牧已成为契丹社会中比较普遍的经济类型。统和 (983—1012) 中，耶律昭写给西北路招讨使萧挞凛的信中说："夫西北诸部，每当农时，一夫为侦候，一夫治公田，二夫给纠官之役，大率四丁无一室处，刍牧之事，仰给妻孥。"（《辽史·耶律昭传》）考西北路招讨使统辖的契丹部落有品部、突吕不部和楮特部，他们既治公田，又事刍牧，也分明已转为半农半牧了。边疆部落尚且如此，内地部落的农业发展水平当亦不弱。

这个转为半农半牧的过程是逐步推进的，中间有一定的阶段。旧史对契丹逐步转为半农半牧的经过不曾作具体的介绍，但是，我们可以借助于有关奚人的记载来加以研究。由于奚人的社会制度和生产水平与契丹大体等同，所以奚人的情况常常可以为我们了解契丹的同类问题提供一条线索。从奚人的情况来看，转为半农半牧的过程大致有两个阶段，在第一阶段上仍然是游动的，到第二阶段就定居了下来。辽初的西奚①，"岁借边民荒地种穄，秋熟则来获，窖之山下，人莫知其处"（《新五代史·四夷附录》），"以木为碓，断椽为臼"，"爨以平底瓦鼎"（《新五代史·四夷附录》）。这

_____

① 奚初无东、西之分。阿保机初立时，奚酋去诸所部苦契丹侵轶，徙居代北，号为西奚。天显十二年 (937)，西奚被遣返故土，东西奚复归于一。

就是半农半牧生活第一阶段的情景,人们依旧逐寒暑、随水草,无有定居,只抽出一定时间来耕种、收获,既不能广种,也不能精耕。到11世纪初,许多奚人已住在草庵板屋中。据1020年(宋天禧四年,辽开泰九年)使辽的宋绶说,奚人"善耕种"(《续资治通鉴长编》卷九十七)。这就是已经进到半农半牧生活的第二阶段了,人们已经定居下来,农业生产已经占相当重要的地位了。

契丹的农业发展水平比奚人低些,其原因是:奚人同汉人、渤海人交错居住,他们有着比契丹较为近便的条件向汉人、渤海人学习农业生产技术,从而农业生产的发展就比契丹较为迅速了。据宋使报导,奚人多数是定居的,契丹则多数还过着游徙不定的生活。如苏辙有诗曰:"奚人自作草屋住,契丹骈车依水泉。"(《栾城集》卷十六)

契丹地区的土壤条件适宜于发展农业,史称上京"地沃宜耕植"(《辽史·地理志》)。由于霜期较长,每年只种得一造,"春深始耕,秋获即止"(《苏魏公文集》卷十三)。有些地方"所种皆从垄上,盖虞吹沙所壅"(《续资治通鉴长编》卷七十九)。农作物以黍稷为主,亦有瓜豆之属。个别农作物的品种是从回鹘地区传来的,例如有一种豆,"高二尺许,直干,有叶,无旁枝,角长二寸,每角止两豆,一根才六七角,色黄,味如栗",原产回鹘,所以就称为"回鹘豆"(《契丹国志·岁时杂记》)。还有西瓜,"契丹破回纥,得此种,以牛粪覆棚而种,大如中国冬瓜而味甘"(《新五代史·四夷附录》)。

由于农业的推广,在部落中就出现了起初为私人使用、后来又转为私人占有甚至可以出卖的土地,这种土地连同私人占有的草场一起，冲击着以部落公有形式出现的国有土地，使部落内部的阶级关系更复杂化也更尖锐化，并加速了契丹社会封建化的过程。

诚然，应该肯定，辽代契丹的农业生产获得了巨大的进步，但是，我们不能把辽代契丹社会中农业生产的规模和水平估计过高。游牧经济对农业有依赖关系，但也给农业的发展带来一定限制，马克思指出："蒙古人曾经使俄罗斯荒芜，他们的那种做法是适合于他们的生产、适合于畜牧的，因为大块无人居住的空地对于畜牧是主要的条件。"（《政治经济学批判》第160页）契丹社会中农业的发展同样要服从上述前提，就是要保证游牧生产所需的"大块无人居住的空地"，由此不能不受到限制。同时，游徙不定的生活在当时的生产力水平下固然是必需的，但它反过来也阻滞了生产力的进一步发展。辽朝为了保持一支骠悍劲疾的骑兵部队，有意识地让契丹人与鞍马生涯结下了不解之缘，这对契丹农业的发展自然也产生了一定的消极影响。总的看来，在辽代的契丹社会中，农业还只是一个次要的生产部门。

2. 畜牧生产技术和游牧生活状况

辽代契丹社会的主要生产部门仍然是畜牧业。契丹的畜牧业，在辽代的二百多年中，就生产技术来说，进步并不显著，仍然没有越出游牧的自然经营阶段。"契丹使者萧庆言：'契丹牛马有熟时，一如南朝养蚕也。有雪而露出草一寸许，此时牛马大熟。若无雪，或雪没草，则不熟。'"（《辽史拾遗》引《东斋纪事》）这个有趣的说法是真确的。契丹当时不曾掌握搭盖棚圈和凿井、堆雪、拦洪蓄水之类的技术，只能听任气候摆布。降雪过少则牧草生长不良，降雪过多又造成放牧困难，所以都"不熟"。如果遇到猝不及防的暴风雪，损失就更大了。在《辽史》中，可以不止一次地见到关于牲畜因遭受暴风雪的袭击而大量倒毙的记载。契丹的祈雪、祈雨、祭风等活动，无非是以迷信的形式反映了游牧养畜业对气候条件的极大依赖性。

契丹人饲养的牲畜以羊、马居多，牛、驼较少，猪更少。可以证明羊、马多而牛少的史料有"契丹旧为回纥牧羊"的传说（《挥麈前录》引《高昌行纪》）；太祖述律皇后的话——"吾有西楼羊、马之富"（《资治通鉴·后梁纪》）；辽朝设群牧司六个，其中牛群司只有一个；《辽史》中关于赐羊、赐马的记载屡见不鲜，而关于赐牛的记载止一见。多羊、马而少牛，这个特点也标志着契丹畜牧业的落后性，因为羊和马较能适应冬季放牧，牛则不然。

一说契丹不养猪，相传有这样一件轶事："契丹使每岁至中国，索食料，多不时珍异之物，州县挠动。庄敏公之使房，入其境稍深，则必索猪肉及胃脏之属，从者莫能晓。盖燕北第产羊，俗不畜猪，驿使驰骑，疲于奔命，无日不加棰楚，所以困之。"（《辽史拾遗》引《桐荫旧话》）这个故事可以引人一笑，但它的真实性是至可怀疑的。若信如其说，燕北"俗不畜猪"，则不但契丹不养猪，连奚人也是不养猪的了。然而，事实并非如此。据宋使王曾说，奚人饲养的牲畜，除马、牛、驼外，"尤多青羊、黄豕"（《续资治通鉴长编》卷七十九）。可见，奚人非但养猪，而且所养的猪很多。林东北坡的契丹文化遗址中有猪骨出土，可见，契丹也不是与猪无缘的。总之，如果说契丹养猪少，这是可以同意的；如果说契丹根本不养猪，就不可解也不可信了。

契丹人民对放牧羊、马已积累了丰富的经验,对羊、马的习性有比较深刻的认识,在当时简陋的技术条件下,采用了比较合理的放牧方法,因此在正常情况下,羊、马的繁殖率还不低。牧马的经验特别丰富,"马群动以千数,每群牧者才三二人而已,纵其逐水草,不复羁縻","蹄毛俱不翦剔",使用"一分喂,十分骑"之类的方法,使马遂其性,故"滋生益繁"。羊亦"生息极繁"(《苏魏公文集》卷十三)。

集群放牧的习惯仍以这种或那种形式被保留着,它在当时的生产技术条件下是必需的、有效的,但它也为那些拥有大量牲畜的部落豪强剥削他们的邻居和亲戚敞开了方便之门。

因为游牧养畜业在辽代仍是契丹社会的主要生产部门,所以大部分契丹人在辽代仍过着游动的生活。这样说是把许多既农且牧的契丹人也包括在内的,因为他们一般的也还没有完全定居下来,也还要在牧场和农田之间往返奔波。至于那些依旧不事耕种的契丹人,则终年跟着他们赖以为生的畜群,辗转流徙在冬牧场和夏牧场之间,随时易地而处。他们住的是便于拆卸和搬动的毡庐,运输用车子。每到一个暂时停驻的地方,就环车或骈车为营,铺毡立帐,当作居室。这便是苏颂《契丹帐诗》所描写的:"行营到处即为家,一卓穹庐数乘车。千里山川无土著,四时畋猎是生涯。……"(《苏魏公文集》卷十三)鸡冠壶、鸡腿坛之类典型的契丹器皿,正反映着这种游动的生活。辽陵建筑顶部呈穹形,正面仿汉式,格局和今内蒙古某些地方带汉式门檐的蒙古包略同,也保存着毡庐的形制。

3. 狩猎和捕鱼

渔猎在辽代契丹的经济生活中仍占有一定地位，但它只是一个从属性、辅助性的生产部门，远不及畜牧业和农业那么重要。至于贵族的畋猎，则纯粹是一种娱乐。

契丹人民从狩猎中获得毛皮、肉食以及鹿茸之类的药材和箭翎之类的材料。肉食兽主要是麇子（狍子），毛皮兽主要是貂鼠，这两种动物至今盛产于内蒙古和东北。契丹的猎神就叫麃鹿神。

"弓以皮为弦，箭削桦为干。"（《续资治通鉴长编》卷七十九）"燕北胶弓，坚劲不易折。"（《辽史拾遗补》引《燕北杂记》）特产蒲箭，"不矫揉而坚"（《契丹国志·岁时杂记》）。更有一种毒箭，主要用来射杀大的野兽。除弓箭外，有锤，铜制或铁制，用来击杀野兔。

契丹惯用的狩猎方法是集群打围。苏颂在使辽途中，见到过"百骑飞放"的围猎场面，谓之"罗草"（这是契丹话，《辽史》谓之"罗毕"）。据伴接的契丹人对他说："道次小围不足观，常时千人以上为大围，则所获甚多，其乐无涯也。"（《苏魏公文集》卷十三）就部落平民来说，围猎是公社集体生产方式的遗存。就贵族来说，意义就完全不同了，参与围猎的成群仆从都是在为着他们的主人服务。皇帝为了追求刺激，有时驱迫随从猎取熊、虎之类的猛兽，以致随从往往为此牺牲了生命。

现在内蒙古和东北的少数民族有一种叫做"哨鹿"的射猎巧技，这在辽代已相当盛行，它表明了猎人的丰富的经验和智慧。例如："伺夜将半，鹿饮盐水，令猎人吹角效鹿鸣，既集而射之，谓之舐鹻鹿，又名呼鹿。"（《辽史·营卫志》）呼鹿就是哨鹿。

对大雁和天鹅之类的飞禽，则用训练有素的猎鹰捕杀。最好的猎鹰有两种，即海东青和玉爪骏，非贵族不能有。"海东青，大仅如鹊，既纵，直上青冥，几不可见，俟天鹅至半空，欻自上而下，以爪攫其首，天鹅惊鸣，相持殒地。"（《辽史拾遗》引《燕山丛录》）现在内蒙古和黑龙江有一种叫做海青的猎鹰，就是海东青。

捕鱼的方法，以钩鱼最为常用，钩鱼就是叉鱼（《辽史》所谓"钩鱼"，元本作"钩鱼"，冯家升指出，元本是，他本非）。冬春之间流行凿冰捕鱼，或称罩鱼，罩鱼的方法约如下述："设毡于河冰之上，密掩其门，凿冰为窍，举火照之，鱼尽来凑，即垂钓竿，罕有失者。"（《宋会要辑稿·蕃夷》。"钓"当作"钩"）皇帝钩鱼的排场要大得多，如清宁四年道宗在达鲁河钩牛鱼："设帐冰上，先使人于河上下十里间以毛网截鱼，令不得散逸，又从而驱之，使集房帐。其床前预开冰窍四，名为冰眼，中眼透水，旁三眼环之，不透，第斫减令薄而已。薄者所以候鱼，而透者将以施钩也。……鱼之将至，伺者以告房主，即遂于斫透眼中用绳钩掷之，无不中者。既中，遂纵绳令去，久鱼倦，即曳绳出之。"（《演繁露》引《燕北杂录》，见《辽史拾遗》）

二、农牧业生产的发展

现在可以把探讨的范围扩大，对辽朝的农牧业作一番统盘的然而也是简略的考察，看看它的上升和下降，它何以曾经取得重大成就而后来又何以趋向衰落。

1. 农业生产发展的曲折道路

辽朝财政收入的基本来源是农业。辽朝对农业的重视并不低于一般的中原王朝。阿保机的崛起,在颇大程度上是以农业为后盾的。辽初,在长城以北地区,由被俘和逃亡而来的汉人和渤海人开垦了许多田地,使许多原来荒无人烟的地方出现了阡陌纵横、邑落相望的景象。由石晋割让给辽的燕云十六州,与辽的其他地区相比,农业人口最多,耕作技术最高,产量最大,所以成为全辽农业生产的重心。据北京市文物工作队同志调查,辽代燕京地区的农具与金、元二代的农具差别并不大(《考古》1963年第3期)。在太宗时,由于兵革不息,民力未苏,燕云十六州的社会经济没有能够从凋弊状态中恢复起来;但在长城以北地区,因有汉俘络绎流入,农业产量得以继续上升。

从世宗即位时起,经过断断续续的休养生息,至景宗时,农业生产达到了初次的高涨。因为仓有余粟,所以在保宁七年(975),曾经因北汉之请,诏以粟二十万斛助之(见《辽史·食货志》,同书《景宗纪》作保宁九年)。可是好景不长,在景宗末年,南方再启战端,农民负扭大为加重,刚刚高涨起来的农业生产又萎缩了下去,甚至有许多农民弃家逃亡。辽朝曾经设法解决田园荒废的问题,例如:"乾亨四年(982),契丹以山西诸州给兵,民力凋敝,田谷多蹢于兵,乃诏复今年租。又敕诸州,有逃户庄田,许蕃汉人承佃,供给租税,五周年内归业者三分交还二分,十周年内还一半,十五周年内三分还一分,诈认者罪之。"(《宣府镇志》,引自

《辽史拾遗》）这项法令中规定的办法，与后周显德二年（955）颁行的处置近北诸州逃户庄田的办法完全一致，可见，辽朝在农业政策上是注意采纳中原王朝的经验的。

圣宗前期，辽朝面临着强盛的宋朝多次大举北伐的严重局势，不得不奋力周旋。为了巩固后方，支持前线，不得不格外重视农业生产的发展。为此，大量擢用汉人，如韩德让、室昉、张俭、邢抱朴、马得臣、杨佶等，皆被委以重任。当时，采取了调整赋税、安置流亡、奖励开荒、维修水利、沟通市易以及适当处理农牧关系等措施，例如：统和七年（989），"诏燕乐、密云二县荒地许民耕种，免赋役十年"，同年，"禁刍牧伤禾稼"；统和十年及十二年，一再遣使分阅诸路苗稼；统和十二年，"漷阴镇水，漂溺三十余村，诏疏旧渠"，同年，"诏定均税法"，并曾"赐南京统军使贫户耕牛"；统和十四年，"诏诸路军官毋非时畋猎妨农"；其明年，"募民垦滦州荒地，免其租赋十年"；统和十九年（1001），"减关市税"，等等（俱见《辽史·圣宗纪》）。又如，统和间镇守燕京多年的耶律休哥，省赋役，劝农桑，立更休之法。所有这些措施，对促进农业生产的发展，都直接或间接地起到了一定的作用。当圣宗在位时，辽朝能够击败宋朝收复燕云地区的计划，乘胜南扰，迫使宋朝同它订立了对它有利的和约，并且西征东侵，声威之盛达到有辽一代的顶峰，这和它在发展农业生产方面的成就是分不开的。但是，为取得这个成就，劳动人民却作出了重大牺牲，他们受着沉重的剥削，他们的生活并没有随着国家的仓储和声威一起提高。而且，当时农业生产的发展不是直线上升，而是有曲折的。每逢灾年饥岁，农民的日子就更不好过了。

圣宗后期推行屯田，曾有良好的成绩。统和二十四年 (1006)，"西蕃来侵，诏议守御计，命唐古劝督耕稼，以给西军，田于胪朐河侧，是岁大熟。明年，移屯镇州，凡十四稔，积粟数十万斛，斗米数钱"（《辽史·耶律唐古传》。同书《食货志》将此事误系于道宗初）。这是辽朝正式采用屯田政策的开端。由于屯田初行便有显著成效，辽朝不久就在西北和东北的边境地区广置屯田。辽朝统治阶级推行屯田的意图，不过是为了保证戍兵的口粮。但从屯田推行的后果来看，它实在还有更为广大深远的意义，对边疆地区和边邻部落农业生产的发展起着有益的影响。

契丹统治集团自从辽宋澶渊之盟以后，变得志骄意满，不常注意到顾恤民力了。就这一点来说，圣宗的前期与后期是一个鲜明的对比。统和初，不敢轻启边衅，后来国力充沛，始大举南扰。统和末，"年谷不登，创痍未复"（《辽史·萧敌烈传》），不得已，籴宋粟二万石。可是契丹统治集团却残民以逞地不断对外用兵，这样的穷兵黩武，给农业生产造成了严重的恶果。困惫不堪的农民，丧失了抗御灾荒的能力。太平中，燕地"仍岁大饥"，流民成群进入宋境，辽朝统治者不能制止也无法制止了。

兴宗重熙间 (1032—1054) 及道宗清宁间 (1055—1064)，辽朝的农业生产经过曲折的道路上升到了顶点。这个时期是辽代难得的太平年月，其间只在重熙十三年及十八年发生过对西夏的战争，历时不长，影响也不大。辽国内地比岁丰稔，社会经济空前繁荣。边境的屯田也继续有所扩展，如重熙中耶律合里只任西南面招讨都监，"置诸宾馆及西边营田"（《辽史·耶律合里只传》）。必须指出，这个时期的农业生产主要是在前一时期大土地占有者兼并小土地占有者的基础上发展起来的，外表的繁荣掩盖着深刻的社会矛盾，所以紧接着繁荣而来的便是逐渐低落。

　　道宗咸雍间（1065—1074），连年的灾荒和阻卜的起义大大地损伤了国力和民力，农业生产从此由盛转衰。在内地，因破产而逃亡的农户日见增多，官府虽勤于检括，终无济于事。在边疆，也有屯户逃亡的现象发生，一部分屯田因而被废弃。如咸雍四年，诏萧岩寿所部留屯西北，结果"亡归者众"（《辽史·萧岩寿传》），迫于经济形势的逆转，辽朝在个别方面也曾经改变不利于农业生产的做法，例如，先前为了骑兵活动的便利，一向禁止南京地区决水种稻[①]，咸雍四年放宽了限制，改为"南京除军行地，余皆得种稻"（《辽史·道宗纪》）。但是，深刻的社会矛盾没有得到调整，紧张的阶级关系没有缓和，要想只靠枝枝节节的改良来起死回生，显然是徒劳的。关于辽代晚期的农村形势，后面在专论辽朝衰亡的一章中还要谈到，这里就不多讲了。

2. 畜牧生产的盛衰，辽朝的群牧和马政

　　畜牧业不仅是契丹社会的主要生产部门，它在辽朝其他民族的经济生活中也占有重要地位。辽朝农业生产的重心在南部，畜牧业生产的重心在北部，而中间这片地方——即由契丹人、奚人、渤海人和汉人错杂居住的中京、上京两路以及东京路的部分地区——则形成了农牧并重的局面，在那里，"蕃汉人户亦以牧养多

[①]《辽史·高勋传》：景宗保宁中，知南枢密院事高勋"以南京郊内多隙地，请疏畦种稻"，疏上，不纳，原因是朝廷考虑到"果令种稻，引水为畦，设以京叛，官军何自而入？"同书《道宗纪》，清宁十年，再申南京决水种稻之禁。

少为高下"（《苏魏公文集》卷十三）。所以，宋朝的使臣一出长城，就看到了农田和牧场交错的风光，有诗曰："田畴高下如棋布，牛马纵横以谷量。""居人处处营耕牧，尽室穹车往复还。"（《苏魏公文集》卷十三）

辽朝一贯重视畜牧，尤其重视牧马，因为畜牧是广大部落人民的主要生业，而马匹则是契丹兵士必备的乘骑。契丹的军队都是骑兵，所以马匹的多少就成了决定军力强弱的一项重要因素。辽朝的马政带有某种程度的掠夺性，这在辽初表现得特别明显，当时，在任何一次战争中，都不放过掳掠牲畜的机会。例如：太祖时，"伐河东，下代北郡县，获牛、羊、驼、马十余万"，"讨女直，复获马二十余万"（《辽史·食货志》）；太宗时，伐后晋，陷镇州，得战马数万匹，长驱而北。但是，辽朝也采取了有建设性的措施，挑选最好的草原，创立国有牧场——是谓"群牧"，其性质与北魏的牧苑相同。太祖时，把征伐所得的牲畜"分牧水草便地，数岁所增不胜算"（《辽史·食货志》）。可见，当时已经有群牧的组织，而且群牧已经取得初步的成绩了。太宗时，任命契丹大臣为群牧官，群牧的制度大概更为完备了。太宗晚年，辽晋之间发生了旷日持久的战争，中原困敝，而"契丹人畜亦多死"（《资治通鉴·后晋纪》）。这时，辽朝的畜牧业生产还谈不上有什么重大的成就。

中叶以后，一方面，群牧的生产在逐渐上升，另方面，朝廷继续奉行掠夺邻国、邻部牲畜的传统政策。在战时，对掳掠牲畜的机会仍绝不放过，如统和四年（986）枢密使耶律斜轸及林牙勤德等上讨女真所获马二十余万匹①。在平时，则令其属国、属部岁贡良马，"女直万匹，直不古等国万匹，阻卜及吾独婉、惕隐各二万匹，西夏、室韦各三百匹，越里笃、剖阿里、奥里米、蒲奴里、铁骊等诸部（各）三百匹"②。这些岁贡的马，有时须经辽朝特派的官员亲往挑选，如开泰三年（1014）命耶律世良选马驼于乌古部。

　　大安二年（1086），"牧马蕃息，多至百万，赏群牧官，以次进阶"（《辽史·道宗纪》）。百万是辽代官马繁殖的最高纪录。先是，在大康九年（1083），"大雪，平地丈余，马死者十六七"（《辽史·道宗纪》）。大安二年距大康九年只有三年，在三年之内繁殖一倍以上是不可能的，那么，百万这个数字和十之六七这个比例至少有一个是夸大了的。至于夸大到什么程度，就难说了。总之，这时辽朝的畜牧业生产达到了最高峰。

　　大安八年（1092），阻卜起义，辽朝西路群牧马匹皆为所取。乾统七年（1107），"以漠南大风伤草，马多死，执马群太保萧托斯和（按即萧陶苏斡），鞭之三百，免其官"（《续资治通鉴》卷九十）。此后，群牧就每况愈下了。史谓"天祚初年，马犹有数万群，每群不下千匹"（《辽史·食货志》），万千相乘，总数在千万以上。对这种妄事渲染的记载，只能付之一笑。或许，"万"是"百"的误书，总计为数十万匹，这还差不多。辽亡后，尚有"御马数十万，牧于碛外，女

---

①见《辽史·圣宗纪》，"二十余万"显然是夸大之辞，前引《食货志》所谓"十余万"及"二十余万"亦如此。

②《辽史·食货志》。又《契丹国志》谓西夏岁贡细马二十匹、粗马二百匹、驼二百峰，与此异。《辽史·圣宗纪》谓开泰八年命阻卜岁贡马一千七百匹、驼四百四十峰，亦与此异。估计是年代先后不同的缘故。

真以绝远未之取，皆为大实所得"（《契丹国志》卷十九《列传》）。

最后，附带谈谈金朝的群牧，这是不无参考价值的。"金初因辽诸抹而置群牧，抹之为言无蚊蚋、美水草之地也。"（《金史·兵志》）金朝前朝设置的几所群牧，主要使用契丹牧人。在契丹起义时，九所群牧亡失五所，其余四所留存的马也只有千余匹。金朝群牧马匹繁殖的最高纪录不过四十七万，一方面说明金朝马政不修，另方面也说明辽朝对发展牧马业确实作出了巨大的努力并取得了可观的成绩。

三、手工业生产的发展

在辽朝成立之前，契丹的手工业还不是一个独立的生产部门。当时，一般的工匠都是牧民家庭的成员，还极少有独立的手工业者。在五代前期陷入辽境的汉人中间，有不少各行各业的工匠，他们辛勤生产，还把自己的手艺传授给兄弟民族，"教其织纴工作，中国所为，虏中悉备"（《辽史拾遗》引《唐明宗实录》）。在先后向东和向南发展过程中，占有了燕云等地区之后，辽朝的手工业就树立在更加雄厚的基础之上了。

辽朝的工匠，除了制造马具和车具的有许多是契丹人之外，在其他各行各业中契丹人就很少了。如纺织、陶瓷、建筑等主要依靠汉族工匠，冶金则主要是依靠汉、渤海、女真等工匠。所有这些民族的工匠，以他们勤劳、灵巧的手，创造了许多不低于或接近于当时中原水平的产品。有些产品一直流传到今天，博得人们公正的赞赏。

下面把辽朝的几种主要手工业分别加以介绍。

1. 马具和车具

契丹工匠精于制造鞍辔,契丹的鞍辔赢得了"天下第一"的美誉(《骨董琐记全编》引《袖中锦》:"契丹鞍,夏国剑,……皆为天下第一,他处虽效之,终不及。")。辽朝赠送给邻国的礼品中,例有鞍辔。贵族所用的鞍辔尤其考究,所以在辽太祖长子东丹王的画作中,"鞍勒率皆瑰奇"(《宣和画谱》)。近十多年来,我国的考古工作者发掘了许多辽墓,从中清理出大量马具,终于使人们见识到了著名的契丹鞍辔。如1954年间在赤峰境发掘的一座辽墓,葬者是辽"故驸马赠卫国王",应历九年(959)入葬,墓中出土死者生前用过的遗物两千多件,其中就有制作精良的鞍辔和其他马具。

契丹的车分几种,其形制、用途各异:"随水草迁徙则有毡车,任载有大车,妇人乘马,亦有小车,贵富者加之华饰,禁制疏阔。"(《辽史·仪衞志》)奚人制造的车比契丹自己制造的车似乎更好些,所以契丹贵族喜欢乘坐奚车。渤海人也有善造车的:"富谷馆居民多造车者,云渤海人。"(《宋会要辑稿·蕃夷》引王曾《上契丹事》)辽代驼车的形制,可参考大同城郊5、6号辽墓壁画。

2. 陶瓷

从内蒙古的契丹文化遗址中出土的许多陶片,带有长方形行列状的印纹,是瓮棺和煮水器的碎片,具有显著的特色,可以大致无误地确定是契丹自己制造的(汪宇平《内蒙昭乌达盟印纹陶的时代问题》,见《考古通讯》1955年第4期)。对这些陶器的制作年代,目前尚难确断。不过,可以相信,最迟在辽初,契丹已经掌握制陶的技术了。至于辽代的瓷器,则主要是汉族工匠制造的。

近十多年来,辽瓷出土数量大增,足可使我们对辽代陶瓷生产的发展情况获得一个比较明晰的认识。辽瓷的胎土和釉质一般良好,成型方法亦有较高的水平。器形固然有很多是模仿宋瓷的,但也不乏具有鲜明的民族风格的佳品。如鸡冠壶、鸡腿坛、凤首瓶、长颈瓶及海棠长盘等,造型的特点非常突出,可以说明制造这些瓷器的工匠在接受中原瓷器生产技术的基础上,进行了适合契丹社会具体条件的推陈出新的创造,取得了优异的成果。

现存的辽瓷绝大多数是从辽墓中清理出来的,墓主又绝大多数是贵族,估计辽代一般的契丹平民是不易享用到这种高级器皿的。

3. 纺织

纺织,一种是专门的手工业,还有一种是农家妇女从事的副业。

专门的纺织业集中在几个大城市中,而以南京为最。1005年(辽统和二十三年,宋景德二年),宋真宗以辽圣宗所遗礼物示近臣,又以国初辽朝所遗礼物示宰相,比较之下,后者"颇朴拙",而前者"多任务巧",原因是"盖幽州有织工耳"(《宋会要辑稿·蕃夷》）。由此可知，南京的纺织业生产水平较高，而且在圣宗时有了明显的发展。辽朝曾禁止南京私造御用彩缎，这也可以说明南京的纺织业确实比较发达。上京"有绫锦诸工作"（《新五代史·四夷附录》），大抵为满足宫廷、贵族和官僚的需要而生产。农村副业性质的纺织业也以南京地区最为兴盛，所以当地的盐铁钱是折绢输纳的。次于南京的是中京。中京某些州县有许多"丝蚕户"，只纳丝和绢，不纳粟。中京川州"地宜桑柘，民知织纴"（《辽史拾遗》引《北番地理志》），所产的帛曾被辽朝用作赠送给宋朝的礼品。还有弘政县，"民工织纴"（《辽史·地理志》），也属于中京。次于中京的是东京。辽初，命东丹国岁贡细布五万匹、粗布十万匹，可见当地的纺织业早就有一定基础了。东京的显州也岁贡绫锦。

辽朝的纺织品还营销到中原地区。辽朝的出口物资，布是一大宗。宋朝的商人常用砖茶换取辽国出产的"蕃罗"。

4. 建筑和城市建设

契丹"得燕人所教，乃为城郭宫室之制"（《旧五代史·契丹传》）。阿保机未即帝位时，已先后建立了龙化州城、羊城和汉城。既即帝位，于神册三年（918）建皇都龙眉宫，后来发展成为上京。圣宗统和二十五年（1007），诏建中京，"择良工于燕蓟"，以从其役。上京和中京是辽代创建的两个最大的城市，遗址尚存。近几年来，考古学者组织专门力量对上京和中京的遗址作了全面的调查和重点的发掘。根据已经发表的调查报告，可以知道辽代的城市规划和市政建设达到了当时较高的水平。例如，中京干道宽阔，街市齐整，街道两旁有用石片和木板砌成并加盖的排水沟，经设在城墙下的涵洞泄出污水（见1961年第9期《文物》及同年5月14日《内蒙古日报》）。中京外城幅员约一万五千米，中有内城，内城北部为皇城，外城套内城略如"回"字，与辽初兴建的上京形式不同，上京北为皇城，南为汉城，相连有如"日"字。我国的内外重城制度始于五代，中京的重城比较晚出，无疑曾受到中原地区先例的影响，但它在吸收中原经验的基础上，又提高了一步。

留存至今的辽代建筑，有大同下华严寺薄伽教藏殿、善化寺大雄宝殿、义县奉国寺及应县佛宫寺释迦塔等，都以构造精巧、气象宏伟见称。佛宫寺释迦塔建于清宁二年（1056），是木构的，经历了九百多年的风霜雨雪，仍巍然屹立着。这样古老而杰出的木塔，在我国还是罕见的。

5. 矿冶

关于契丹矿冶事业创始的年代，在《辽史》里面有两种彼此矛盾的记载。其一：撒刺的"始置铁冶，教民鼓铸"（《辽史·太祖纪》），"以土产多铜，始造钱币"（《辽史·食货志》）。其二："坑冶则自太祖始并室韦，其地产铜、铁、金、银，其人善作铜、铁器。"（《辽史·食货志》）造成这种同书异说的弊病的原因，是《辽史》的撰修人不加审择地兼收了几种来源不同的资料。

《辽史》关于撒刺的的记载，本诸传说，可靠性较低。我们知道，辽钱以太祖时铸造的天赞通宝为最古，迄今为止，还不曾发现铸造年代比天赞通宝更早的契丹钱币。由此可见，说撒刺的"教民鼓铸""始造钱币"是查无实据的。

至于"坑冶则自太祖始并室韦"之说，本出《陷北记》。《陷北记》原文如下："其国（按，系指辖劫子，在契丹东北）三面皆室韦，一曰室韦，二曰黄头室韦，三曰兽室韦。其地多铜、铁、金、银，其人工巧，铜铁诸器皆精好。"（引自《新五代史·四夷附录》）《陷北记》的作者胡峤客居辽地多年，他的报导的可靠性一般较高，所以，后人对于"坑冶则自太祖始并室韦"这条记载中的"室韦"一词，大多依从胡峤的说法，以为是族名。殊不知胡峤足迹所经终究有限，见闻未必周全，有时也不免犯耳食的错误。清人杨同桂就提出过不同的解释，认为这里所讲的室韦不是族名，而是地名室韦山和室韦水，即今鞍山的千山和沙河（杨同桂《盛京疆域考》）。近人宋延英支持杨同桂的见解，提出了比较充分的证据（宋延英《辽代铁州地址考》，见《历史事究》1959年第8期），事在天显元年（926）。

但是，契丹矿冶事业创始的年份并不就是天显元年，而是还要早些。阿保机即可汗位之五年（911），"征幽蓟，师还，次山麓，得银、铁矿，命置冶"（引文见《辽史·食货志》，年代据同书《太祖纪》）。根据现有的史料，应该认为这是契丹创立的第一个矿冶。在十多年之后，又初次铸造了铜钱。如果认为矿冶的创立始于"并室韦"，铸造铜钱反而在其前，就未免不合情理了。

辽朝先后设立的矿冶，据作者所知，有以下十余处：

汉城铁冶——就是上面讲到的最先创立的一个铁冶，位置在"山麓"，当与汉城相距不甚远。《新五代史·四夷附录》："汉城……有盐铁之利。"

铁利州铁冶——《辽史·食货志》："（神册初）得广州，本渤海铁利府，改曰铁利州，地亦多铁。""神册初"误，应为"天赞末"

或"天显初"。据同书《地理志》东京道广州条，居其地者，初为渤海人，后为汉人，广州之名自开泰七年始。

东平县铁冶——《辽史·食货志》："东平县，本汉襄平县故地，产铁矿，置采炼者三百户，随赋供纳。"同书《地理志》东京道向州东平县条所记与此同。

长滦县铁冶——《辽史·地理志》上京道饶州长乐县条："长乐县，本辽城县名。太祖伐渤海，迁其民，建县居之。户四千，内一千户纳铁。"

曷术部三铁冶——《辽史·营卫志》："初，取诸宫及横帐大族奴隶置曷术石烈，曷术，铁也，以冶于海滨柳湿河、三黜古斯、手山。圣宗以户口蕃息置部。"东京道的铁州，即曷术部冶铁之处，在今鞍山，可参阅宋延英《辽代铁州地址考》。

柳河馆铁冶——《宋会要辑稿·蕃夷》引王曾《上契丹事》："柳河馆，河在馆旁，西北有铁冶，多渤海人所居，就河漉沙石炼得铁。"柳河馆属中京。

打造部落馆军器坊——王曾《上契丹事》："打造部落馆，有蕃户百户，编荆篱，锻铁为兵器。"据《苏魏公文集·过打造部落馆诗》，其民为奚人。打造部落馆亦属中京。

河州军器坊——《辽史·地理志》东京道河州德化军条谓河州"置军器坊"。

显州甲坊——显州属东京，据《辽史·圣宗纪》，知有此甲坊。

大名城铜冶——1952年间在辽中京大名城遗址内发现铜冶废墟，有大量铜胶渣出土。

泽州陷河银冶——《辽史·地理志》中京道泽州条："泽州，广济军，下，刺史。本汉土垠县地。太祖俘蔚州民，立寨居之，采炼陷河银冶。"该冶亦称"万役陷河冶"，见《辽史·国语解》。

银州银冶——《辽史·地理志》东京道银州条："银州，富国军，下，刺史。本渤海富州，太祖以银冶更名。"

辽河源银冶——《辽史·食货志》：太平七年（1027），"于潢河北阴山及辽河之源，各得金银矿，兴冶采炼，自此以迄天祚，国家皆赖其利"。

阴山金矿——《辽史·国语解》："山金司，以阴山产金，置冶采炼，故以名司。"此矿即同书《食货志》所记潢河北阴山之金矿。

都峰银冶、大石银冶——皆见《太子左卫率府率李内贞墓志》，二冶地址无考。

顺州东北银冶——《宋会要辑稿·蕃夷》引王曾《上契丹事》："顺州东北过白屿河，北望银冶山。"

这里不惮其烦地把辽代的矿冶一一列举出来，是为了强调指出辽代各族劳动人民对发展矿冶事业所曾做出的贡献。限于史料不丰，加以作者涉猎未广，以上罗列的数据无疑是不够完备的。然而，通过这些尚不完备的数据，我们仍可对辽代矿冶事业的发展情况得到一个比较切近实际的认识。在原有的非常薄弱的基础上，能够创立起这些矿冶来，实在是一个不可小视的成就。辽制造的镔铁刀，以精好见称，可代表辽代锻铁工艺所曾达到的水平。

但是，辽的铜铁产量还不能充分满足自己的需要。景宗时，社会经济形势正逐渐转好，而铸钱年额不过五百贯（《泉志》引《虏廷杂记》），与宋朝岁铸钱常达数十百万贯比较，相差悬殊。高丽赠给辽朝的礼品中，例有铜器千斤。显然，这是辽朝因缺铜而向邻国需索了。辽朝曾经用宋朝的铁钱制造兵器，原因也无非是铁所产不敷所需。1105年（辽乾统五年，宋崇宁四年），河东转运判官洪中孚奏，"辽、夏以铁钱为兵器"，为此，宋朝采取了改铸夹锡钱的对策（《续资治通鉴》卷八十九）。

四、商业

1. 商业的活跃和城市的繁荣

社会经济的恢复和发展，引起了商业的活跃和城市的繁荣。辽朝的五京既是行政上的首府和军事上的重镇，又是工商业的中心。五京之中，以富厚繁庶而论，首推南京。南京"方三十六里"[1]，"大内壮丽，城北有市，陆海百货，聚于其中；僧居佛寺，冠于北方。锦绣组绮，精绝天下。膏腴蔬蓏、果实、稻粱之类，靡不毕出，而桑柘麻麦，羊豕雉兔，不问可知。水甘土厚，人多兹艺"（《契丹国志·四宋本末》）。其次为首都上京，幅员二十七里，"南城谓之汉城，南当横街，各有楼对峙，下列井肆"（《辽史·地理志》）。中京和东京的规模与上京相仿，幅员各三十里。中京"郛郭、宫掖、楼阁、府库、市肆、廊庑，拟神都之制"（《辽史·地理志》）。东京"外

---

[1]此据《辽史·地理志》，与《元和郡县补志》所记二十四里之数不同。王璧文《凤凰咀土城》一文（见《文物参考资料》1958年第8期）指出，若前者为小程而后者为大程。则二数亦相合。

城谓之汉城,分南北市,中为看楼;晨集南市,夕集北市"(《辽史·地理志》)。西京幅员较小,止二十里。

在这些壮观的城市中,商旅辐辏、邸店骈列,交易相当活跃。但是,在广大农村中,尤其是在边远的部落中,则仍存在着显著的经济闭塞状态。农牧民除了盐、铁、茶之外,一般可以自给,他们仍在自然经济占统治地位的条件下生活着。城市的工商业,主要是为封建统治阶级服务的。

2. 对外贸易关系的扩大

辽朝与五代、北宋的对立,从政治上割裂了中国北方的疆土,但是,政权的分裂没有割断也不能割断辽朝与五代、北宋的经济联系。这种经济联系的主要形式是互市。互市有悠久的历史渊源,它体现了汉族人民与兄弟民族人民有无相济的愿望。政治的风波虽可使它暂时中断或削弱,但在风波平息之后,它又会立即恢复。辽朝有求于中原者较多,中原有求于辽朝者较少,所以,在互市关系上,辽朝的态度始终是比较积极主动的。

当后晋时,辽朝的对外贸易关系一度伸展到位于长江下游的南唐。938年(辽会同元年,南唐升元二年),辽朝遗使假道后晋,把羊三万口、马二百匹卖给南唐,"以其价市罗纨茶药"(《南唐书·契丹传》。同书《烈祖纪》曰,升元七年,"契丹使达罗千等二十七人来聘,献马三百、羊二万五千")。对中原的贸易关系尤为密切,辽朝以降将赵延寿的部下乔荣为回图使,"往来贩易于晋,置邸大梁"(《契丹国志·太宗嗣圣皇帝上》)。直到944年(辽会同七年,后晋开运元年),因辽晋关系恶化,才把回图使撤销了。

宋初,许缘边商民与辽人互市。977年(宋太平兴国二年,辽保宁九年),宋朝在镇、易、雄、霸、沧五州各置権场,可是不久就废了。此后因辽宋关系时紧时缓,互市也时绝时通。986年(宋雍熙三年,辽统和四年),宋朝禁止河北商民与辽人贸易。988年(宋端拱元年,辽统和六年),宋朝一度开放边境互市。然而,"未几复禁,违者抵死,北界商旅辄入内地贩易,所在捕斩之"(《宋史·食货志》)。宋朝这样做,是向辽朝施加经济压力。991年(宋淳化二年,辽统和九年),宋朝令雄州、霸州、静戎军、代州、雁门砦等处置権署如旧制,不久又罢了。1002年(宋咸平五年,辽统和二十年),辽朝请求恢复権场,宋朝从知雄州何承矩之议,听置于雄州,这次也不过一年就罢了。迨辽宋订立和约,双方的互市关系也随之正式恢复。1005年(宋景德二年,辽统和二十三年),宋朝在雄州、霸州、安肃军和广信军各置権场,"平互市物价,稍优其直予之"(《宋史·食货志》)。辽朝方面,也先后在新城(通河北)和朔州(通河东)等处置権场。从此,双方的互市关系日渐扩大,达到了前所未有的规模。

宋朝输出的商品有香、药、茶、犀、象、珠、苏木、铜、锡、瓷器、漆器、缯帛、杭糯和九经书疏等。私贩出口的还有硫磺、焰硝、卢甘石和九经书疏以外的书籍等,品种起初较少,后来逐渐增加。辽朝输出的商品主要是盐、布、羊、马、驼及北珠,私贩出口的还有毡、银等。宋景德间,与辽人交易岁获四十余万两。

对外贸易受到官府的严格控制,辽宋双方都规定了某些物品不许输出。上列私贩的商品,都是违禁品。例如辽重熙间,"禁毡、银鬻入宋"(《辽史·兴宗纪》)。先是,统和十五年,"禁吐谷浑别部鬻马于宋"——见《辽史·圣宗纪》);宋熙宁间,"禁私市硫黄、焰硝及以卢甘石入他界者"(《宋史·食货志》)。双方都禁止偷运出境的是钱。特别没有道理的是宋朝禁止九经书疏以外的书籍出境,据说是为了保守国家机密,专为此立了告捕之法。辽朝也不许本朝书籍出境。私贩虽则以牟取法外之利为目的,他们对扩大辽宋之间经济文化的交流却是有积极作用的。私贩的人数颇不少,宋熙宁间,因"私贩者众","立与化外人私贸易罪赏法"(《宋史·食货志》)。

辽自中期以后,通用宋钱。苏辙使辽归来后,上书曰:"北界别无钱币,公私交易并使本朝铜钱。"(《栾城集》卷四十二)从辽代文化遗址中出土的钱,绝大多数是宋钱,为有关的文献记载提供了物证。这种局面的形成,虽与辽朝产铜较少有一定关系,主要还是因为辽宋之间有密切的经济联系。由此,说辽宋经济在某种程度上已经联为一体,是不算过分的。

辽朝与其他相邻的国家、部落,以及远在西域的一些国家,也都有贸易关系。为了招来境外商贩,辽朝在西部靠近高昌的地方和东部靠近高丽的地方各置榷务。辽朝的繁荣吸引了诸国使臣和各方商旅纷至沓来,上京成为东西方国际贸易中心之一。"高昌国、龟兹国、于阗国、大食国、小食国,甘州、沙州、凉州,已上诸国三年一次遣使,约四百余人,至契丹贡献。玉、珠、犀、乳香、琥珀、玛瑙器、宾铁兵器、斜合黑皮、褐黑丝、门得丝、怕里呵、硇砂、褐里丝,已上皆细毛织成,以二丈为匹。契丹回赐,至少亦不下四十万贯。"(《契丹国志》卷二十一)其中回鹘与辽朝的贸易往来最为频繁,上京特置"回鹘营",接待回鹘商贩。辽朝对输出到这些地方的商品种类也曾加以限制，例如：重熙二年（1033），"禁夏国使沿路私市金铁"（《辽史·兴宗纪》）；咸雍六年（1070），"禁鬻生熟铁于回鹘、阻卜等界"（《辽史·道宗纪》）。可见，禁止出口的主要是可以用来制造兵器的铁。

　　东北和西北的附属部落，各以土产入贡。辽朝在边境上设立互市，允许商贩"任便往来买卖"。例如：熟女真部"或居民等自意相率赍以金、帛、布、黄腊、天南星、人参、白附子、松子、蜜等诸物入贡北番，或只于边上买卖。讫，却归本国。契丹国商贾人等就入其国买卖，亦无所碍"。铁离部"以大马、蛤珠、鹰鹃、青鼠、貂鼠等皮、胶鱼皮等物与契丹交易"。铁离、喜失牵部"以羊、马、牛、驼、皮毛之物衣与契丹交易"（《契丹国志》卷二十二）。诸部"来易于辽者，道路襁属"（《辽史·食货志》）。

第四章

辽代契丹的社会经济制度
以及其他民族地区的社会经济制度

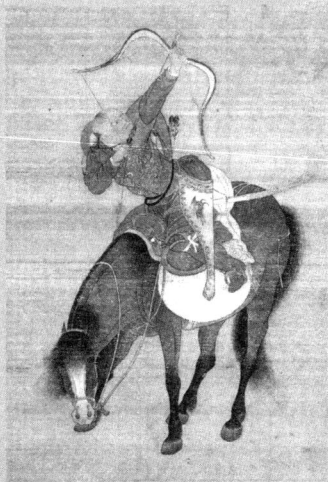

辽朝是一个封建国家，它的基础是封建的经济结构。但如果仅仅这样说，那就太笼统了。在这个封建政权统辖之下的各民族、各地区有着不同的社会发展水平，因此，与生产力发展的民族地区不平衡性相适应，在生产关系方面也存在着显著的民族地区不平衡性。随着各民族、各地区之间相互影响的扩大和加强，这种不平衡性渐渐地减弱了。但是，直到辽末，国内不同民族地区的封建关系发展程度仍是参差不齐的，其具体形式也各具特点。汉族聚居的燕云地区有发达的封建制度。渤海地区封建关系的发展程度仅次于燕云地区。契丹地区的情况就有些不同了，在那里，除了主导的封建制成分以外，还在略为发展了的形式下包含着奴隶制成分，并在萎缩、歪曲和变了质的形式下包含着原始公社制的残余。至于奚族的社会情况，则是和契丹大体相同的。

本章探讨的重点是辽代契丹社会的经济结构和阶级关系，同时，对整个辽朝的社会经济结构和阶级关系，也试图作概略的研究。

一、起主导作用的是封建制还是奴隶制

原属中原王朝管辖的燕云地区，在辽朝统治下，仍然是封建社会，这是毫无疑问的。但对辽代契丹社会中究竟是哪种经济成分占统治地位、起主导作用这个问题，近人的看法就不完全一致了。由于直接受契丹贵族奴役的劳动人民多数是汉人——起初主要是汉

俘，所以这个问题换句话说就是：比较落后的统治者——契丹贵族，如何对待比较先进的被统治者——汉族人民？是把契丹社会故有的奴役方式强加给后者呢，还是接受了后者故有的社会经济制度？为了正确地判断辽代契丹社会的性质，有必要对这个问题先作一番研究。

有一种意见认为，在辽代的契丹社会中，流行的主要不是封建制，而是奴隶制，其理由是据说被契丹贵族俘掠的那些汉人变成了奴隶（如尚钺主编的《中国历史纲要》中说："耶律阿保机扰边，大量劫夺财物，并掳掠汉族人民以为奴隶。"）。现在，让我们来看看，汉俘的处境究竟怎样？他们的生存条件是否肯定不如中原的人民？他们是否多数被贬为奴隶，从封建制倒退到奴隶制下去了呢？

契丹贵族俘掠汉人所用的手段是残酷的，在把汉俘驱徙到辽内地的途中，为了防备他们逃跑，曾经像对待牲畜那样对待他们，"以长绳连头系之于木"（《新五代史·四夷附录》）。辽太宗破相州后，屠城中男子，驱其女子以归。这些汉俘流落他乡，甚至骨肉离散，被迫受契丹贵族奴役，这都是事实。那么，当时未遭契丹俘掠的河北人民的境遇，是否比这些流落塞北的同胞好些呢？不见得。他们虽幸免于契丹之难，却难逃中原官兵之害。例如，在后梁乾化元年（911），"杜廷隐等闻梁兵败（于晋），弃深、冀而去，悉驱二州丁壮为奴婢，老弱者坑之。城中存者，坏垣而已"（《资治通鉴·后梁纪》）。残民如此，不是和契丹军队差不多吗？

契丹贵族把汉俘驱徙到辽内地之后，便选择可供垦殖的旷地，"筑寨居之"（《辽史·地理志》），"分地耕种"（《辽史·地理志》），有时还贷发耕畜和种谷，其目的当然是要使他们能够输税服役。对契丹贵族来说，用哪种方式来奴役汉人不是一个带有任意性的问题，而是为当时的社会历史条件所规定的。唐末，官庄、皇庄和官僚豪强的私庄已成为土地占有的基本形式，河北、河东和其他地方的节度使都是大庄园主，他们的僚属和部将也都占有大小不等的庄园，五代的情况大体类似，这为契丹贵族提供了榜样。所以，当大量汉俘徙居辽内地之后，那里就像雨后春笋般地出现了许多封建性质的庄园——即官庄、皇庄（宫卫管辖的庄园）和贵族的私庄（头下军州）。契丹贵族尽力模仿汉区故有的方式来处置汉俘，甚至州县的名称也要采用汉俘原籍的州县名称（《新五代史·四夷附录》："依唐州县置城以居之。"），税制则由汉人韩延徽主持拟订（《辽史·食货志》："夫赋税之制，自太祖任韩延徽，始制国用。"），使汉俘处在久已习惯的奴役方式之中，以取得更大的统治效果。

这些汉俘被束缚在份地上，对朝廷及主子有严格的人身依附关系，地位是卑下的，所受的剥削和压迫是沉重的。但是，他们有自己的家庭（韩延徽教阿保机使汉人"各有配偶"（《资治通鉴·后梁纪》）。统和七年辽朝又规定："南征所俘有亲属分隶诸帐者，给官钱赎之，使相从。"（《辽史·圣宗纪》）），有除开土地之外的自己的财产（例如官户，自有"恒产"。重熙十五年，诏"汉人官分户绝，恒产以亲族继之"（《辽史·兴宗纪》）），领种一定的份地并承担一定的赋役，在法律上并非全无保障，与中原地区占田入籍的农户以及豪强荫占的部曲都有些相像，"在某种程度上是自己支配自己了"（《列宁全集》卷29，第437页），就分明不是奴隶，而是农奴，其具体名称则是官户、宫户和部曲。至于那些自动逃奔契丹地区的汉人，以及降附辽朝的汉军和汉军家属，自然更不可能被没为奴隶。另外，也有些汉俘确实被没为奴隶了，但这只是全体汉俘中很小的一部分。

这些汉人身受的封建依附关系，是在新的地区上、在新的条件下发生的。当时，在辽内地，土地问题没有中原地区那么严重，社会秩序也比五代时期的中原地区较为安定。汉人在乱离之余，能重新着地力农，虽要付出丧失自由的代价，终究获得了安家立业的机会，从而就容易安下心来。司马光、欧阳修等正统史家，谁也不能否认他们对夷夏之辨是相当重视的，也承认五代初期陷入辽境的汉人"各安生业，逃亡者益少"（《资治通鉴·后梁纪》），甚至"不复思归"了（《新五代史·四夷附录》）。

这里可以附带谈谈契丹贵族如何处置其他各族各部俘降人口，这些俘降人口一般也没有被当作奴隶役使。辽朝创立前后降附契丹的各个部落，大多被接纳为地位与契丹部落相近的内属部落，据《辽史·营卫志》，这种部落有以下八个：

突吕不室韦部，太祖以大小二黄室韦降户置；

涅剌拏古部，亦系太祖以二黄室韦降户置；

迭剌迭达部，太祖以鲜质可汗时所俘奚户置；

乙室奥隗部，太祖以所俘奚户置；

楮特奥隗部，亦系太祖以所俘奚户置；

品达鲁虢部，太祖以所俘达鲁虢部户置；

乌古涅剌部，太祖以于骨里户置；

图鲁部，亦系太祖以于骨里户置。

可注意的是，其中有六个部各冠有契丹部落的名号。乌古涅剌疑为涅剌乌古之倒，图鲁之前疑脱一契丹部号，很可能八个部都冠有契丹部号。这使我们联想到，在其他游牧民族中也有类似的习惯，即当降附部落被接纳为联盟成员后，采用宗主部落的名号，而在故有的部号之上冠以宗主部落的名号是一种过渡形式，这是原始公社时代把战俘接纳为部落成员的遗风。在上述八个降附部落中，我们对迭剌迭达部的底细知道得比较清楚。这个部的人原先是奚王族的部曲，当遥辇鲜质可汗时被阿保机之父撒剌的俘获。至阿保机为夷离堇之三年 (903)，始置为部。因冠有迭剌部號，故以耶律为姓①。迭剌迭达和其他重叠的名号表示了一定的附属关系，这种附属关系本身没有什么确定的性质，既可以从属于奴隶制，也可以从属于封建制。在辽朝的具体历史条件下，它是封建性质的附属关系。辽朝对于这些附属部落的人民，一般并不把他们当作奴隶，而是只限于索其贡赋，有战则征其兵马。只有少数脱离了原有部落组织，被籍入宫卫，或被契丹将帅据为己有，或被辽朝分赐给贵族和臣僚的俘降人口，才有变成奴隶的，但也不是通同变成了奴隶。

辽代契丹人民所受的剥削和压迫，从具体形式上看，与契丹社会中其他各族人民受到的剥制和压迫不无差别，但从性质上看，是彼此相同的，就是说，契丹人民也受着封建性质的剥削和压迫。原因在于，契丹社会在汉族封建社会强有力的吸引和浸染下，当初

①《辽史·营卫志》将俘获奚王族部曲一事属之鲜质可汗，同书《太祖纪》则属之撒剌的。考鲜质可汗之子耶律敌剌为阿保机部下，依此推算，撒剌的既为阿保机之父，当与鲜质可汗同代。撒剌的任迭剌部夷离堇，似为奉鲜质之命伐奚之主帅。由是可知，将此事属之鲜夏可汗或属之撒剌的实皆无不可。

有一定程度发展的奴隶制没有能够成为决定社会性质的基本因素，而是由封建制占取了主导地位。占辽代契丹人口多数的是部落平民，他们起初占有既是生产数据又是生活数据的牲畜，以及其他财产，后来，那些半农半牧的部落平民又开始逐步占有农田。部落平民所受的剥削主要是封建国家的赋役，此外有越来越多的部落平民还受到贵族和豪强的剥削。情况就是如此。所以，对于有的历史著作中申述的一种意见——说辽代契丹部落中以奴隶劳勋为主，我认为是不正确的（如李剑农《宋元明经济史稿》中说："其（契丹）部族组织，盖以奴隶为生产劳力之主要成分。"）。

以上阐述的论点并不否定下面这个事实，就是当辽朝创立之前和创立之初，在契丹社会中，奴隶制成分也曾有一定程度的增长。关于契丹社会中的奴隶制成分，后面还要作专门的分析。这里需要指出：辽代契丹社会中奴隶制成分的增长，在范围和速度上，都远远落后于封建制成分，而且在中叶以后，发展的趋向是奴隶制成分逐渐减弱而封建制成分愈见增强。

二、土地占有关系概述

契丹的原始游牧公社，当辽朝创立前后，在贵族攫取部落土地支配权力，并建立阶级统治机构的过程中，逐渐地、然而也是迅速地解体了。驾乎部落之上的国家使公社成员承担起越来越重的赋役义务，从而在事实上肯定了它是原属部落公有的土地的最高所有者。于是，公社变了质，它故有的基础——部落土地公有制，在国家的最高所有权之下，转化为部落占有制和公社公用制了，所遗留下来的只是公社这个多少已经走样的形式，以及某些无关大局的传统习惯。而且，所谓部落占有制还要打个折扣，因为部落酋长和其他部落贵族掌握着具体管理草原和其他土地的权力，他们得以霸占草场，勒索部民，从而往往成为至少是部落中最佳土地的实际占有者。随着农业的推广和耕地的固定，后来又产生了部落平民的土地占有权，于是部落占有制的缺口越发扩大了。

　　以上所讲的是契丹部落土地占有关系的演变经过。再从全面范围来看，情况要复杂得多，存在着多种形式的封建土地占有关系，各种形式的封建土地占有关系在不同地区因历史条件相异而形成了不同的矛盾组合，其间的力量对比又经历着一个与时俱迁的消长过程。一般地说，愈偏北则比较原始的土地占有形式愈流行，这种差别与生产发展水平南高北低的情况大致相符。在南京、西京两道，土地关系的基本特点与入辽之前相比没有发生什么重大变化，而且仍以私有土地占优势。其中，地主的庄园逐渐膨胀，个体农民的小块土地则相应地逐渐萎缩。在上京、中京两道，起初是国有土地、皇庄和贵族领地成鼎足之势，私有土地绝少。国有土地主要是由俘虏和移民垦种的官地，以及国有的牧场等，后来，一方面因广开屯田和移民垦荒而有所增多，另方面因有许多州县并入皇庄而有所减少，计其所得，还未必能弥补所失。皇庄即所谓“宫卫”，贵族领地即所谓“头下军州”，当创设之初，其属户主要也是俘虏和移民。皇庄因陆续增置和经常扩充，后来占了上风。贵族领地财因受到皇庄的排挤，后来走向败落了。同时，私有土地有一定程度的发展,贵族地主和庶族地主的庄园在辽代后期渐见增多了。东京道是又一种局面,在契丹统治集团与渤海豪右斗争的过程中,国家曾多次向私有土地进攻,结果是国有土地与私有土地大致形成均势。皇室虽也在东京道伸张其势力,但皇庄在东京道仍只占第三位。东京道也曾出现过若干贵族领地,这些贵族领地也先后遭到被皇庄吞并的命运,到辽末几乎绝迹了。至于五京之外的部落,即契丹部落、奚部落和内属的女真、室韦等部落,它们的土地占有关系彼此类同,就是在国家的最高所有权之下,以私人占有权为补充的部落公有制,前面已经讲过,毋庸复赘了。

所谓国有土地,说穿了,就是封建统治阶级集体所有的土地。在实行君主专制的封建国家里,土地关系上的国家所有制与皇室所有制之间没有不可踰越的鸿沟,二者可以相互为用、并行不悖。所以,在皇室所有制比较发达的地方,即在上京和中京,国家所有制扮演着皇室所有制的先锋角色。

专制的皇帝既已"变家为国",他对调整国有土地的占有权和使用权就享有无可争议的权力。首先,皇帝有权"分州县,析部族",用来扩大皇庄,这在《辽史》的《地理志》和《营卫志》中可以找到许多实例,不烦列举了。其次,皇帝有权把国有土地赏赐给贵族和臣僚,例如:太宗曾以外罗山之地赐东丹王之子道隐,世宗曾把建州之地五十余顷赐给亡国后徙居辽土的后晋太后,穆宗曾以黑山东抹真之地数十里赐大臣夷腊葛,兴宗曾以辽阳及汤池之地千顷赐大臣李仙寿,等等。凡是由朝廷封赐给贵族和臣僚的领地,其领有者不得擅自转让。皇帝还有权把国有土地分拨给农牧民使用,以征收租税徭役,例如:太宗诏欧昆、乙习本、翰纳阿刺三石烈徙居乌古及海勒水、胪朐河之近地以事耕牧，圣宗诏品部旷地令民耕种，等等。凡是由朝廷分拨给农牧民使用的官地，非经申报官府许可，其领用者亦不得私行转让。

契丹统治集团主要是靠着俘掠四邻各族人民起家的。上京道和中京道的大部分州县，以及东京道的一部分州县，都是由他们以俘虏和移民设置的。所以契丹皇帝从来就把官户、官地视同己物，从来就是一个大农奴主。明白了这个历史背景，我们就不难理解，契丹皇帝在土地关系上何以有如此专断的权力了。

不止此也，在某些特定的情况下，皇帝甚至公然把私有土地也收为国有或并入皇庄，这主要发生在东京道的渤海地区。渤海地区是被契丹贵族强力征服的，渤海的许多豪门右姓对辽朝的统治也很不满，曾几度反叛，因此辽朝一再迫令这些豪右之家徙居辽内地，以便就近控驭，他们遗弃在原住之地的庄宅，则被收为国有了。许多渤海农民也被连人带地并入皇庄，例如：世宗析辽东长乐县民为陵户，隶长宁宫；穆宗割辽东永丰县民为陵户，隶积庆宫。某些沃腴之地及有重要矿产之地，竟被整州整县地籍为皇庄，例如：尚州镇远军，统州一县二，产铁，被籍入彰愍宫；银州富国军，统县三，产银，被籍入宏义宫。

三、赋役制度简介

燕云地区社会经济的恢复和上升，长城以北地区生产的空前发展，以及商业的活跃，为辽朝提供了广大丰厚的财源。辽朝的赋役制度是内部复杂的生产关系在财政上的反映。通过对赋役制度的解剖，有助于我们认识辽代的整个社会经济制度。

1. 州县的赋役

(1) 税制

契丹地区在辽朝创立之前，赋税未有定制。自从契丹贵族俘掠了大量汉人，徙置关外，统以州县，使之耕种纺织，就有必要拟订和施行一套比较完密的税制了。于是，"太祖任韩延徽始制国用"（《辽史·食货志》）。后来又几度厘改，如圣宗时"定均税法"，及兴宗时"普为均平"等，大抵是税率或若干税目的变动。也常有局部地区税额的调整，如：统和十三年（995），"增泰州、遂城等县赋"；其明年，"以南京道新定税法太重，减之"（《辽史·圣宗纪》）。总之，虽曾几经厘改，税法的基本原则看来没有大变。

关于辽朝税法的具体规定，史无明言。但是，在把一些零散的材料综合起来加以研究之后，仍可认清其眉目并察见其精神之所在。在不同的地区，因历史、经济和民族关系等具体条件的差异，税法有些区别。不过，凡属州县，实行的税法在原则上是一致的，只在轻重之间稍有出入罢了。例如，东京道的渤海地区，在辽代前期，税法与南京、西京两道略异，但究其所异者，也仅仅是酒税免征和盐禁较弛而已。辽朝对州县民户实行的税法，大体上仿效五代和北宋。罗继祖据《辽史拾遗》所引《宣府镇志》的有关记载和其它史料，认为辽朝采用两税法（《历史教学》1962年第10期），这是不错的。可是，应该指出，辽朝的两税法与唐朝的两税法大异其趣，与五代和北宋的两税法比较起来也自有其特点。

第一，唐自建中元年 (780) 起，改租庸调为两税，对所有的民户，都按资产总和征税钱，按田亩多少征斛斗，又按户口及资产别户等以定税额。至唐末，法外之征叠出，两税渐失其本意。五代诸朝的税法益形紊乱，与唐始行两税时相比已大不相同。宋朝则改为一切以田产为准，钱米并出于田亩；亦分户等，但只据以定役。辽朝实行"计亩出粟以赋公上"（《辽史·食货志》），似与宋朝相同。但是，"辽人分士庶之族，赋役皆有等差"（《金史·太宗纪》）。可见，辽代税额的依据是：(1) 田产多少，(2) 门第、官品的高下。如果说唐两税法的精神是"以贫富为等差"（尽管执行起来往往走样），那么辽两税法的精神又加了"以贵贱为等差"这一条，不过，这里不是一个正比，而是一个反比，即受到优待的不是低等级而是高等级。辽朝的政策露骨地代表着皇室、贵族领主和官僚地主的利益，所以在税法上，除财产外，等级也成为一个原则了。具体的事实如：皇庄对朝廷"止进鞍马"，头下军州只上交田租的一半和酒税。

第二，唐建中之法，户不分主客，皆有税。辽则不尽然，除贵族领主和贵族地主占有的部曲输租半给官、半给主之外，其他地主占有的部曲只向庄主交租，这也体现了辽朝对大土地占有者的优容。

第三，唐建中之法，庸调并入两税，废除杂税杂徭。其实，这个办法在封建社会中是无法贯彻到底的。所以，唐末役民如故，五代又兴起了许多愈出愈奇的杂税，宋朝虽曾加以整顿，杂税的名目仍不少。辽朝也有好多杂税杂徭，徭役且待后面再谈，这里先谈杂税。

辽代的杂税，至少有下列几种：

1. 地钱　　2. 户丁税　3. 义仓税　4. 匹帛钱

5. 农器钱　6. 盐铁钱　7. 曲钱　　8. 鞋钱

此外，还有临时的征索，如在战时要"赋车籍马"等等，不能尽知，也不烦列举了。

这些杂税，究其由来，多数是效法中原地区的先例而施行的，如：唐有地头钱，辽沿用不废；五代兴丁口钱，辽亦因袭之；后唐创行农器钱，辽随即仿行；其他亦多类此。对盐铁钱和义仓税，可以多说几句。盐铁向来是人民生产、生活所必需，从而可以提供大宗税收的两种物资。阿保机据汉城时，已擅盐铁之利。在辽代，盐铁始终由国家专卖，曾屡申私贩盐、私货铁之禁。上京的税务机关，径称为盐铁司，这也显示出盐铁钱在税入中所占的重要地位。义仓之设起自统和十三年（995），是年诏诸道各置义仓。义仓是封建政府把赈济费用转嫁到农民身上的一种手段。统和十五年，即在推行义仓之法后不过两年，"诏免南京旧欠义仓粟"（《辽史·食货志》），可见，义仓完全由官府掌管，农民纳粟义仓虽以备荒为名，实与加重税负无异。

农民的赋税，大多以钱计征，但有折纳之法，实际交纳的主要是实物，即粟、绢等物。屯田户承扭劳役地租，是为"在屯者力耕公田，不输税赋"（《辽史·货食志》），则是另一类型。折纳之物，一般各依土宜。如南京道产绢多，故盐铁钱折纳绢；西京道产绢少，故盐铁钱折纳粟。总之，以粟为主。也有比较特殊的，如中京道某些州县的丝蚕户以及上京道长滦县、东京道东平县的采铁户，分别交纳丝绢及铁，不纳粟或纳粟甚少。既有折纳之法，官府就能上下其手，多取于民。统和间，耶律抹只任开远军节度使，"故事，州民岁输税，斗粟折钱五，抹只表请折钱六，部民便之"（《辽史·耶律抹只传》）。统和六年（988），因灾重民饥，"诏三司，旧以税钱折粟，估价不实，其增以利民"（《辽史·食货志》）。这是些关于所谓仁政的记载，可是也暴露了官府普遍利用折纳之法压榨人民的事实。

　　征税的依据既然是户口、田亩，朝廷为了防止隐漏，增加税收，就不厌其烦地经常检括户口、田亩。太宗时，"籍五京户丁以定赋税"。圣宗时，括田、括户之事更多了，如：统和八年（990），岁饥，仍下诏括民田；次年，通括户口；统和十五年（997），又通括宫分人户。尔后各朝也都曾大括户口、田亩。辽朝中叶以后，检括户口中存在的主要问题——隐户问题，反映了朝廷与地方豪强之间争夺被剥削者，亦即争占剥制收入的斗争。至于晚期的逃户问题和针对逃户而订的征偿之法，那就是后话了。

　　(2) 役制

　　辽代前期，战事既繁，徭役亦重。当时，由于首先要满足军事需要，所以役无定制，并且常常役不以时。只有当统治集团清楚地意识到民力凋残引起了重重困难的时候，才暂不兴师，稍与民休息。后期的徭役，察其名目，有驿递、马牛、旗鼓、乡正、厅隶、仓司及诸色匠役等，同宋朝的职役相似。但是辽朝的役匠——所谓"诸局百工"以官奴及终身役徒为主，不但比宋朝以募匠为主的制度落后得多，而且比唐朝以番匠为主的制度也落后些。

　　辽代驿递、马牛之役较重，使得役户疲于奔命。辽朝处在四战之地，边防线很长，军旅、官员、使节的往来，粮饷的供馈，贡物的进奉，和诏令章奏的传达等，至为频繁。皇帝且有四时游幸的习惯，每出，官员成群扈从，州县为之挠动。萧韩家奴答兴宗制问，把"节盘游、简驿传"同"薄赋敛"并提，可以说明驿递和马牛确是两项突出的重役。交通要道和上供路线两侧的州县人民，所负的驿递、马牛之役自然更要重些。例如，咸雍间，"岁运泽州官炭，独役松山"（《辽史·马人望传》），经县令马人望奏请，始许均役他邑。

辽朝的役法虽有一定之规，但无一定之度。任役的期限不严格，番代的办法不确定。所以，有些身为官户的役徒甚至终身任役，这种现象，一方面表明这些官户实际处在国家农奴的地位，另一方面也与在主导的封建制体系内还有着奴隶制因素有关。还有如下一则故事："楚公佃……使虏时，……虏人负载随行物不用兵夫，但遇道上行者即驱役之耳。一日将就道，一担夫诉曰：'某是燕京进士，不能负担。'公笑，为言而遣之。"（《辽史拾遗》引《家世旧闻》）这样任意拉夫，就是连一定之规也不遵行了。

辽末，民苦于役，"至破产不能给"，当时担任南院枢密使的马人望创行募役之法，"使民出钱，官自募役"（《辽史·马人望传》）。募役之法在某些情况下，假令所征的代役钱并不重，分摊比较合理，不失为便民之政。对马人望募役的具体办法，我们未悉其详。据说，在施行之后，"时以为便"，那就是说，亦曾收到一定的效果。马人望是辽代知名的理财家之一，因聚敛有术、岁入增羡而博得道宗和天祚帝的赏识，被擢至高位。他虽曾进行一些细枝末节的改革，但并不真有恤民之意。在辽末的危殆局势和腐败政治之下，由他来推行的募役也不过是行之于一时一地的权变之策罢了。

(3) 是轻? 是重?

关于辽朝州县赋役的轻重, 因税率、役限失考, 很难把它和同时的宋朝作比较。依我看, 既然辽朝州县的赋役名目有许多和宋朝的相同或相似, 而且辽朝对汉人立法行事比较注意 "体问南朝法度", 那么赋役的轻重就不会和宋朝的相差过甚, 否则, 它对燕云地区的统治是无法维持这么长久的。至于宋人对辽朝赋役轻重的记载, 则彼此颇有出入。一个原因是年代先后不同, 此一时, 彼一时, 当然不能一概而论。再一个原因是他们自己有时不免受偏见或其他主观意向所左右, 从而他们的报导未必与真实情况完全符合。

据1008年 (宋大中祥符元年, 辽统和二十六年) 使辽的路振说: "虏政苛刻, 幽蓟苦之。围桑税亩, 数倍于中国。水旱虫蝗之灾, 无蠲减焉。……征敛调发, 急于剽掠。"(《乘轺录》) 这就有点夸大。灾年不减租赋的说法显然与史实不符, 税率比宋朝高数倍的说法也极不可信。1068年 (宋熙宁元年, 辽咸雍四年) 及1077年 (宋熙宁十年, 辽大康三年) 两度使辽的苏颂说, 中京道某些地区的汉人 "甚苦输役之重" (《苏魏公文集》卷十三)。1089年 (宋元祐四年, 辽大安五年) 苏辙使辽, 这时辽朝已处在每况愈下的境地, 可是苏辙却说, 中京道的汉人 "赋役稀少" (《栾城集》卷十六), 南京道也 "赋役颇轻" (《栾城集》卷四十二), 但他又指出, "惟是每有急速调发之政, 即遣天使带银牌于汉户须索, 县吏动遭鞭棰, 富家多被强取, 玉帛子女不敢爱惜, 燕人最以为苦" (《栾城集》卷四十二)。难道在苏辙去的时候, 辽朝的赋役真比在苏颂去的时候要轻些吗？不会。总之，辽宋两朝赋役的轻重差不太多，因此，在这些宋使的报道中，说重或说轻都是可以的。

1042年辽朝胁迫宋朝增输岁币，相传是出于汉人行宫副部署刘六符的教唆。一说，刘六符的本意是要拿所增的岁币来减轻赋税以收揽民心。"宗真（兴宗）大以为然，卒用其策得增币。而他大臣背约，才以币之十二减赋，民固已喜。及洪基（道宗）嗣立，六符为相，复请用元议，洪基亦仁厚，遂尽用银绢二十万之数减燕云租赋。"此事诸史不载，独见于《老学庵笔记》。查考《辽史》，宋增岁币后，兴宗"诏蠲预备伐宋诸部租税一年"（《辽史·兴宗纪》），未见有蠲州县租税之举。看来，对上述传说是不可全信的。

2. 部落的赋役

辽朝境内的部落，主要是契丹部落，其次为奚部落。

平时，诸部"岁输羊"。靠近西北边境的一些部落，牧地辽阔，管辖不易，"有司防其隐没，聚之一所，不得各就水草便地"（《辽史·耶律昭传》）。由此可知，牧税是计畜科征的，适与州县计亩出粟类似。为了征税，对州县要括田，对部落则要括马。

正税之外，复有"俸羊"，用作官俸的补贴，这又适与州县的地钱类似。至于应时上供之物，则无非是野味、兽皮之类。还有临时的征索，让部民为皇室和朝廷负担某些费用，连皇子、公主结婚所用的庐帐，也要由部民供给。

半牧半农的部民或许也用粮食来完纳赋税。耶律挞烈任南院大王时，"均赋役，劝耕稼"（《辽史·耶律挞烈传》）。既然把赋役和耕稼并提，想必二者是关联着的，那就是说，在迭剌部中，除牧税外，亦有田租。其他半牧半农部落的情况，当与迭剌部相似。

对部民来说，役常常是比赋更重的一项负担，而主要是兵役。被征戍边的部民，挈家远戍千里之外，所需的车马、衣甲、粮糗等等，一概自行筹办，因此无不困惫。其余的部民要承担驿递、马牛及其他各种职役，也不见得轻松。

部民平时的赋役，大致如上所述。战时则打破了常规，普遍赋车籍马，租税和徭役都加重了。如太宗会同间，连岁南伐，役民不休，以致"契丹人畜亦多死"。

部落的赋役也贯彻着"以贫富为等差"和"以贵贱为等差"这两个原则。按照前一个原则，户等低的负担较轻；按照后一个原则，却是门第高的负担较轻。于是，一方面，下户通常可以减免某些赋役；另方面，真正受到优待的却是贵族，他们交纳的租税相对来说是更轻的，而且，他们免于戍边，还可派部曲代执御前承应之类的职役。这样的做法是符合契丹等级制度的，但其后果是加重了中间阶层的负担，加速了中间阶层的分化，从而就加深了阶级的对抗。

除了契丹部落和奚部落之外，辽朝境内还有一些内属的女真、室韦等族的部落，由于它们对辽朝的依附程度有强有弱，所承担的赋役也相应地有重有轻，大致可分为三种类型：

(1) 原为俘虏，其故有的部落组织已被打散，后由辽朝自上而下重新把他们按部落形式组织起来，完全受朝廷委派的官员治理，这种部落承担的赋役较重。如曷术部——即女真合苏馆部，是由被俘的女真人组成的，初隶宫卫，至圣宗时析置为部，他们的主要义务是炼铁，地位几与终身役徒不相上下（参《辽史·营卫志》）。

（2）虽已被征服，并受朝廷委派的官员治理，但仍保持故有部落组织的，赋役一般较轻。如女真移典部，被徙至近地并签为猎户，就是这种类型的部落（参《金史·食货志》）。

（3）虽附辽籍，实则处于半自主状态的部落，只有贡赋和兵役义务。如五节度熟女真部，人户既多，居处又远，辽朝只委派契丹或渤海的节度使驻守其地。他们"无出租赋，或遇北主征伐，各量户下差充兵马，兵回，各逐便归本处"，此外，"所产人参、白附子、天南星、茯苓、松子、猪苓、白布等物，并系契丹枢密院所管"（《契丹国志》卷二十二）。

3."属国"的贡赋

"属国"与国内属部的区别，不在于是否有朝廷委派的节度使，而在于是否有赋役义务，至少，要看是否有兵役义务。"属国"的共同特点是对辽朝都有附庸关系，并且都有贡赋。但是由于这些"属国"对辽朝的附庸关系有强弱之分，所以他们的贡赋也有经常与不经常、限定与不限定之别，计其类型，亦可分为三种：

（1）有辽朝委派的节度使，受辽朝控驭较强的部落，岁有常贡。如屋惹、阿里眉、破骨鲁等部，"不出征赋兵马，每年惟贡进大马、蛤珠、青鼠皮、貂鼠皮、胶鱼皮、蜜腊之物"（《契丹国志》卷二十二）。又如越里笃、剖阿里、奥里米、蒲奴里、铁骊等部，亦岁贡良马及其他特产。对这些部落，辽朝都规定了贡奉诸物的数量，有时并委官选汰。

（2）没有辽朝委派的节度使，或虽有节度使而系辽朝赐授本部酋长,受辽朝控驭较弱的部落,亦有贡赋,但未必岁有常贡,辽朝对他们进贡的时间和贡物的数量通常不予规定。属于这个类型的有鞑靼、蒙古诸部,以及不受辽朝直接管辖的女真诸部等。

(3) 西夏对辽朝,名义上执藩属之礼,实际上还是自主的,所进的贡礼主要是供给契丹皇室糜费的贵重手工业产品,真正有补国计的农、牧、副诸业产品却很少,如岁贡马不过二百匹。

4. 商税

征商之法,始自太祖置羊城于炭山之北以通市易,其制不详。关税、市税(二税与宋朝的过税、住税相似)和茶、酒、木诸物之税是大宗。在工商业一向比较发达的南京、西京两路,商税比较重。在社会经济发展比较落后的上京、中京两路,商税似乎比较轻,那里有些州县商税开征比较晚,如贵德、龙化、仪坤、双、辽、同、祖七州,直到开泰元年(1012)才开征商税。东京路的渤海地区,在11世纪二十年代以前,"未有榷酤盐曲之法,关市之征亦甚宽弛"(《辽史·圣宗纪》),但是后来也加重了。

四、等级和阶级

辽朝的全体臣民在社会身分和法律地位上分为三类:1. 贵族,2. 平民(庶民),3. 贱民(奴婢)。这是等级,它以门第和职业为依据,从而与阶级的分界并不完全吻合,同一等级的人未必属于同一阶级，反之，同一阶级的人也可分属于不同等级。不过，等级的序列和阶级的序列终究是平行的，凡是在经济上占支配地位的人，一般都能在政治上列入高品；凡是身份卑下的人，则绝少可能跻于剥制者、食禄者之列。所以，等级地位与阶级地位的交错是有限度的，不致于颠倒失序。从大体上说，贵族是领主或地主、牧主，贱民是农奴、奴隶和医、卜、屠、贩之流。只有平民的阶层分化比较驳杂，包容着从地主一直到有上、中、下三等及自耕、佃耕等区别的农牧民。

贵族、平民和贱民在社会生活的各个方面都受到各不相等的待遇，例如：在租税负担方面，贵族照例可以得到减免的优待，平民就得不到；在参政权利方面，许多贵族享有世选特权，上层的平民——主要是地主阶级分子可以通过科举进入仕途，贱民则不得参加科举；甚至在服装方面，贵族也是特殊化的。

契丹社会的等级划分比奚、渤海和汉族更为复杂。在贵族这个大的等级中，又分为几个小的等级。契丹的贵族，狭义地说，只有皇族及后族；广义地说，还包括遥辇家族以及其他享有世选特权的家族。

皇族分四房，即横帐、孟父房、仲父房和季父房。横帐即皇室，是阿保机的后裔，地位最尊。契丹俗尚左，皇室宫帐东向而设，故称横帐。孟父、仲父两房分别为阿保机的两个伯父的后裔，季父房则是阿保机诸弟的后裔。阿保机即可汗位之二年，始置惕隐，惕隐掌皇族政教，与唐宋的宗正寺相当。后族与皇族世通姻谊，所以又称为国舅帐。后族起初也有四房，分隶二帐。二帐即审密氏族的拔里家族和乙室已家族，四房即拔里家族的大父、少父两房以及乙室已家族的大翁、小翁两房。天显十年（935），太宗以"皇太后父族及母前夫之族二帐并为国舅"（《辽史·太宗纪》），这是正式把述律家族尊为国舅帐了。天禄元年（947），世宗以"太后族剌只撒古鲁为国舅帐"（《辽史·世宗纪》），或称国舅别部，它也是述律家族的。开泰三年（1014），"圣宗合拔里、乙室已二国舅帐为一，与别部为二"（《辽史·外戚表》），从此，审密氏族和述律家族就各为一帐了。辽代真正的后族，其实不是审密，而是后来居上的述律。辽朝九帝的皇后，除了穆宗皇后不知属于哪个家族之外，其余都是述律家族的。皇族及后族享有特殊尊贵的地位，太平八年（1028）圣宗特地宣布："两国舅及南、北王府乃国之贵族，贱庶不得任本部官。"（《辽史·圣宗纪》）重熙十年（1041），"北枢密院言，南、北二王府及诸部节度侍卫祗候郎君，皆出族帐，既免与民戍边，其祗候事请亦得以部曲代行，诏从其请"（《辽史·兴宗纪》），如此优遇，可见一斑。皇族的权势尤其炙手可热。咸雍五年（1069），"禁皇族恃势侵渔细民"（《辽史·道宗纪》），这条史料可以证明，有时皇族骄横太甚，以至朝廷不得不出面干涉一下了。

遥辇家族曾经是契丹社会中地位最高的贵族，族大根深，在辽代虽屈居皇族及后族之下，仍有不容等闲视之的影响和潜在力量。阿保机立为可汗后，宣布"皇族承遥辇氏九帐为第十帐"（《辽史·太祖纪》），表示对遥辇家族的尊崇。契丹皇室对遥辇家族的态度，除了阳示优崇之外，还有阴加抑制的一面，即在一般情况下不使遥辇子弟占据要津。

世选特权主要属于皇族及后族之家，此外，契丹八部中某些世家和勋贵也获得了这种特权，这些家族也是贵族，他们的数目比皇族及后族要少得多，权势也小得多。

就经济地位来分析，在贵族这个等级中，已分化出几个阶层：皇室有皇庄，诸王、贵戚和公主各有领地，其他贵族是大小不等的地主或牧主，也有些破落的贵族在经济上未必能同富裕的平民匹敌。

契丹的贵族，与汉、渤海和奚的贵族、地主、牧主一起，组成了辽朝的封建统治阶级，契丹贵族是辽朝封建统治阶级的主体，而皇室则是其中的核心。

契丹的平民就是一般的部落成员。

契丹的贱民包括宫户、部曲和奴隶，宫户隶属于皇室，部曲隶属于领主或地主、牧主，奴隶则隶属于皇室、领主、地主、牧主或其他主子。

无论是在部民中，还是在宫户和部曲中，都有分化。部民分化的幅度最大，形成了所谓"上户""中户"及"下户"，上户的最上层是被称为"豪民"的平民地主和平民牧主，而下户的最下层则是几乎丧尽了一切生产资料的奴隶。宫户和部曲分化的幅度较小，虽亦分上、中、下三等户，但只是农奴阶级内部的差别。在宫户和部曲中，只有极其个别的人家成为"豪民"，同时却有许多人家具有农奴和奴隶的双重身份。

奚、渤海和汉族的等级和阶级结构，与契丹相比，各有一定特点，主要表现在以下两个方面。第一，奚和渤海先前都有王族，在臣服于辽朝之后，王族仍保持着贵族身份，所以这两个族在辽代都有世贵，即奚的述律氏和渤海的大氏；汉族就不同了，没有世贵，只有勋贵，但在汉族中平民地主的势力很大。第二，在奚区，劳动人民的阶层类别与契丹相似；在渤海区和汉区，则以自耕农和官佃户、私佃户占农村人口的多数，尤其是在汉族聚居的燕云地区，农奴和奴隶比别处少得多。由此可知，在等级和阶级结构方面，奚与契丹差别较小，汉与契丹差别较大，渤海则介乎二者之间。

五、皇室经济和国有经济

1. 宫卫和宫户

契丹皇帝"居有宫卫，谓之斡鲁朵"。辽朝先后九帝各置一宫，两个摄政最久的太后各置一宫，一个权势最盛的亲王置一宫，还有一个宠遇特隆的宰相"拟诸宫例"置一府，总计在天祚帝时有十二宫一府，其名称如下（《辽史·营卫志》）：

宏义宫——算斡鲁朵，太祖置；

永兴宫——一国阿辇斡鲁朵，太宗置；

积产宫——耶鲁碗斡鲁朵，世宗置；

长率宫——蒲速碗斡鲁朵，应天皇太后（太祖皇后）置；

延昌宫——夺里本斡鲁朵，穆宗置；

彰愍宫——监母斡鲁朵，景宗置；

崇德宫——孤稳斡鲁朵，承天皇太后（景宗皇后）置；

兴圣宫——女古斡鲁朵，圣宗置；

延庆宫——窝笃碗斡鲁朵，兴宗置；

太和宫——阿思斡鲁朵，道宗置；

永昌宫——阿鲁碗斡鲁朵，天祚帝置；

敦睦宫——赤实得本斡鲁朵，孝贞皇太弟（圣宗弟隆庆）置；

文忠王府——大丞相耶律隆运置。

史称"太祖……亲卫缺然，乃立斡鲁朵法"（《辽史·兵卫志》），"置宫分以自卫"（《辽史·耶律欲稳传》），率先请附宫籍的是耶律欲稳和他的门客。这个宫就是宏义宫，契丹话叫做"算斡鲁朵"，它的成员开头都是些"心腹之卫"，"算"这个词在契丹话中的含义就是"心腹"（《辽史·营卫志》）。可见，宫卫最初是以亲兵和门客（部曲）为基础建立的。保宁三年（971）景宗"以潜邸给使者为挞马部，置官掌之"（《辽史·景宗纪》），挞马就是卫从，挞马部相当于腹心部，也是宫卫的基干成员。由此可知，当景宗创建宫卫时，仍然遵循太祖以来一贯的路线，即以亲兵和门客（部曲）作为宫卫的基础。

但是宫户的来源并不就这么单纯，除了原有的亲兵和门客（部曲）之外，还有陆续增添的俘降人口、州县民户、部落民户和许多罪隶。如《辽史·礼志》曰："皇帝即位，凡征伐叛国俘掠人民，或臣下进献人口，或犯罪没宫户，皇帝亲览闲田，建州县以居之，设官治其事。"《辽史·营卫志》曰："辽国之法：天子践位置宫卫，分州县，析部族，设官府，籍户口，备兵马。"

宫卫的起源和宫户的来源，大致就是这样。

至于宫卫的具体组成方式，则因时而异。我们对各个宫卫，按照先后次序，把它们的设置情况逐个加以考察之后，就能看出宫卫具体组成方式演变的经过。圣宗朝是一条明显的分界线。在此之前，一则因为有大量的俘降人口进入辽内地，再则因为亲军对翼卫皇室还起着重要作用，所以当时设立的几个宫卫主要是由亲军和俘降人口组成的，这些俘降人口中有一部分原来就隶属于皇室，还有一部分是起初隶属于国家，而被皇室用"分州县、析部族"的办法抽拨过来的。例如：宏义宫，太祖"以心腹之卫置，益以渤海俘，锦州户"；永兴宫，太宗"以太祖平渤海俘户，东京、怀州提辖司，及云州怀仁县、泽州滦河县等户置"；积庆宫，世宗"以文献皇帝（太宗之兄、世宗之父）卫从，及太祖俘户，及云州提辖司，并高、宜等州户置"。余如长宁宫、延昌宫、彰愍宫及崇德宫，无不如此。在圣宗朝之后，由于辽朝的扩张活动停息下来，转为守成，偶而远征，也少功寡获，因此就不再有大量的俘降人口可被用来充实宫卫了。同时，由于宫户不断增多，已经使国家财政收入的源泉较前缩小，如果再用"分州县、析部族"的办法来扩充宫卫，势将给国家财政造成更大困难。所以，圣宗以后诸帝的宫卫主要是用析取原有宫卫户口的方式组成的，那就是：兴圣宫，圣宗"以国阿辇、耶鲁碗、蒲速碗三斡鲁朵户置"；延庆宫，兴宗"以诸斡鲁朵及饶州户置"；太和宫，道宗"以诸斡鲁朵御前承应人及兴中府户置"；永昌宫，天祚帝"以诸斡鲁朵御前承应人，春、宣州户置"（本段引文并见《辽史·营卫志》）。

　　宫卫统辖的行政区域在全国五路中分布极不均衡。南京道只有行唐县隶彰愍宫，户三千；西京道只有望云县亦隶彰愍宫，户一千。此外都集中在上京、中京、东京三道，这片地方，从行政上看，因为是辽的腹地，比较便于治理；以国防观点来看，因为与中原地区有一段间隔，比较安全；就自然条件来看，有大量的荒地可供垦殖；而尤其重要的是，从土地占有关系上看，这里有大量的国有土地，可以作为扩充宫卫的后备。

至天祚帝时，宫卫户丁增长到了可惊的程度，十二宫一府总计有205000户，410000丁（《辽史》所载诸宫丁数皆为户数之倍。宫卫户丁总数，《营卫志》所记为203000户，408000丁，小误，今据冯家升《辽史初校》改正）。我们知道，辽朝五道中户口最多的南京道也只有241000户，宫卫户数相当于南京道的85%；五道乡丁总数（宫卫、部落和个别州县的丁数不计在内）是1107300人，宫卫丁数相当于五道乡丁总数的37%；如全国总户数约为一百万，则宫卫户数约占20%。

宫卫的土地，无论其为农田、牧场、山林和苑囿，都是皇室直接占有的，调整的权力集中于皇帝一人，官府是无权过问的。宫卫的属户统称宫户，亦称宫分户。宫户分为正户和蕃汉转户两类，正户是契丹人，蕃汉转户是其他民族的人。十二宫一府总计，正户81000，蕃汉转户124000。宫户领种一定的份地，或者结合在公社中共同使用一定的牧场。他们负担的租税和力役同一般的官户没有什么差别。宫户同官户的分别仅仅在于依附的主体不同，前者依附于皇室，后者依附于国家；就阶级地位来讲，是彼此等同的。至于宫户内部正户同蕃汉转户的区分，则不过是族别不同而已，也没有身份高下和处境优劣的差异。无论属于哪个民族，只要身隶宫分，就都是皇室的农奴以及地位与农奴无异的牧民、猎户和工匠。遍阅《辽史》列传，只能找到三个宫户出身的大臣，即契丹人耶律喜孙、女里和汉人姚景行。这些夤缘上升的宫户是极其个别的，自然不能代表一般的宫户，而且，他们在贵显之后，就被免除宫籍，不再是宫户了。

与一般宫户不同而必须予以重视的是"著帐户"。"著帐户，本诸斡鲁朵析出及诸罪没入者。凡承应小底、司藏、鹰坊、汤药、尚饮、盥漱、尚膳、尚衣、裁造等役，及宫中、亲王祗从、伶官之属，皆充之。"（《辽史·营卫志》）可见，著帐户主要是宫廷奴隶。所谓"小底"就是奴隶，所谓"承应小底"就是宫廷奴隶，来源有两个：1."犯罪没入"的罪隶，2."诸斡鲁朵析出"的奴隶，这大概不是罪隶，而是俘隶、卖身奴及奴产子等。宫卫里面有一种特别的行政区域，叫做"瓦里"，据说，"凡宗室、外戚、大臣犯罪者，家属没入于此"（《辽史·国语解》）。这就是说，瓦里人户都是些罪隶。实际情形恐非如此。在宫卫统辖的所有行政区域中，瓦里虽是少数，不如州县和石烈那么重要，但也有七十四个，罪隶不至于多到这种程度，估计宫卫所属的其他著帐户也是安置在瓦里里面的。著帐户既然组成特别的行政区域，则可想而知，他们除了被选充宫廷奴隶之外，也从事生产劳动。

原为贵族而因罪被贬为奴的著帐户，如果得到赦免，就成为"著帐郎君"。著帐郎君的由来是这样的："遥辇痕德堇可汗以蒲古只等三族害于越室鲁，家属没入瓦里。应天皇太后知国政，析出之，以为著帐郎君、娘子，每加矜恤。世宗悉免之。其后内族、外戚及世官之家犯罪者，皆没入瓦里。人户益众，因复故名。"（《辽史·百官志》）郎君，契丹话叫做"舍利"，是对贵族子弟的尊称，也是一种官名。娘子是指这些著帐郎君的夫人，在辽代，社会上习惯于把贵妇人称为娘子。著帐郎君的职责主要是担任皇帝的卫从。他们虽已与执贱役的著帐户有别，但尚未获得自由，从而既可说是丧失了自由的贵族，也可说是获得了贵族称号的奴隶。从人身依附关系上看，应该认为著帐郎君仍然在宫廷奴隶的范畴之内。

宫户中间也有真正的贵族，这种人原来是部落豪强，后来投效皇室，请隶宫籍，因而成为宫户。由于他们对皇室有特异的功劳，皇室就对他们和他们的后裔给予格外的眷顾。耶律欲稳和他的子孙就是这种与众不同的宫户。欲稳"率门客首附宫籍"，成为太祖的亲信，"后诸帝以太祖之与欲稳也为故，往往取其子孙为友。宫分中称'八房'，皆其后也"（《辽史·耶律欲稳传》）。欲稳的裔孙杨五及胡吕都被选授显官。这种家族与其说是宫户，倒不如说是寄托在宫卫中的贵族。

皇室除了向宫户征索租税力役之外，也在商业和借贷领域中积极活动，剥削广大的消费者和债务人。统和三年（985），"令有司谕诸行宫，布帛短狭不中尺度者，不鬻于市"（《辽史·食货志》）。可见，皇室不但经商谋利，而且曾经用恶劣的手段加重对消费者的剥削。开泰二年（1013），"诏以敦睦宫子钱振贫民"（《辽史·圣宗纪》）。这条关于所谓"德政"的记载，却从反面泄露了宫卫从事债利盘剥的消息。

宫卫的收入无需上交国库，悉数由本宫支配。已故帝后的宫卫由朝廷委官治理，对朝廷"止进鞍马"。如前所述，宫户约占全国总户数的五分之一，那么，不言而喻，宫卫提供给皇室的剥削收入是相当可观的。

一方面，宫卫是辽朝封建经济的主要堡垒，是契丹皇室的经济基地，对满足契丹皇室纵情糜费的需要起着主要的保障作用；另方面，宫卫的不断膨胀削弱了国家财政的基础，加重了辽末财政的困难，因此它也起着加速辽朝崩溃的作用。

宫卫又是一种军事组织，十二宫一府共出骑军101000名，这是一支直接听命于皇帝的巨大武装力量，是皇室用以进行对内镇压和对外掠夺的工具。"有兵事，则五京二州各提辖司传檄而集，不待调发州县、部族，十万骑军已立具矣。"（《辽史·兵卫志》）。诸宫在五京及平州、奉圣州各置提辖司，使掌军。按，平州统州二、县七，奉圣州统州三、县七，为山前后二大州，故亦置提辖司）宫卫的军事职能，是从宫卫的经济本质中派生出来的。

契丹的宫卫与唐朝皇室的庄田（庄宅）类同，它们都是封建性质的皇庄。但是，如果把宫卫与唐代的皇庄完全等同起来，那是不恰当的。宫卫还有一些与唐代皇庄不同的特点，其中主要的是：它除了以封建制为主导之外，还合有奴隶制的成分；除了经济性质之外，还具有军事性质——这种特点是唐代的皇庄所不具备的。宫卫的这种特点，显然是脱胎于原始公社解体时期契丹社会中的奴隶制成分和亲兵制。

关于宫卫，最后的一个问题是：契丹在遥辇时期就有"宫分"了，宫分和宫卫是同义语，那么，辽朝的宫卫是否因袭了遥辇可汗宫分的遗制呢？它们的性质是否相同呢？这个问题，由于牵连到另外一个更为重要的问题——辽朝成立前后契丹的社会性质是否发生重大的变化，所以有加以探究的必要。

遥辇氏九可汗皆置宫分，在辽朝成立后，遥辇氏丧失了统治权，但是九可汗的宫分没有撤销。辽朝设遥辇九帐大详稳司，掌遥辇九可汗宫分之事。遥辇可汗的宫分与辽朝的宫卫有两点明显的区别：第一，遥辇可汗的宫分不统辖任何行政区域，这可以证明它们不占有大片土地和大群宫户；第二，对《辽史》列传中有关的记载加以综合研究之后，可以得出这样一个结论，即遥辇可汗的宫户一般不是平民或贱民，而是贵族。

《辽史》收录了下列五个遥辇可汗宫人的传记：

萧夺剌，"遥辇洼可汗宫人"；

萧得里特，"遥辇洼可汗宫分人"；

萧特烈，"遥辇洼可汗宫分人"；

萧达鲁古，"遥辇嘲古可汗宫分人"；

萧滴冽，"遥辇鲜质可汗宫人"。

可注意的是，这五个人有两个共通的特点：第一，根据传记介绍，他们的出身都不贱；第二，他们都姓萧。由此，我推测他们是审密氏族中与遥辇家族世通姻谊的显贵家族。这五个人的共通特点，很难说是出于巧合。应该认为，他们在遥辇可汗宫户中是有代表性的。这也就是说，遥辇可汗宫户的社会身份一般和这五个人一样，也是贵族。

如果上述推测不误，就可以判断：遥辇可汗的宫户不是辽代宫户的先驱者，他们的阶级地位是不同的；遥辇可汗的宫分不是辽代宫卫的前身，它们名同而实异。其原因是，遥辇时期的契丹社会与辽代的契丹社会虽然前后衔接，但分别处在两个性质相异的发展阶段，前者还是原始社会，而后者已进入封建社会。

2. 国有土地和官户，以及国有工场和其中的工匠

国有的土地和工场，虽不包括在宫卫里面，但在颇大程度上也属于皇室经济的范畴，所以需要在这里一并加以讨论。

国有的土地包括以下几种:

(1) 由官户领种的"公田",这种土地关系在长城以北地区是广泛流行的。

(2) 由屯户领种的"屯田",分布在西部、北部和东部的边境地区。

(3) 国有牧场 (群牧) 占用的土地。

(4) 矿山。

(5) 盐场。

(6) 专供皇帝畋猎的围场,皇帝四时游幸常驻的胜地 (就是捺钵占用的土地),以及鹰坊、兽监、鸟监、栗园等部门占用的土地。

(7) 部落占用的土地,虽然还披着公有的外衣,实质上也是国有的。

(8) 暂时抛荒的"在官闲田",未经开垦的"天荒",纵民樵采捕猎的山林、河川、湖泊,以及其他官地。

官户中间既有贱民,也有平民,界限在于他们对封建国家是否有明确的人身依附关系。贱民身份的官户是那些丧失了自由的俘虏,他们被牢固地束缚在份地上,从而成为官农奴,他们的子孙也继承了贱民的身份和官农奴的地位。平民身份的官户则不是俘虏,他们在法律上总算还有独立的人格,对国家是一种租佃关系,从而成为官佃户。官佃户本身又分为两类:一类是把租种官田当作辅助手段的农民,对所租的土地只有使用权;另一类是"占田置业入税"的农民,对所领的土地有占有权 (如圣宗"诏山前后未纳税户,并于密云、燕乐两县,占田置业入税"(《辽史·食货志》))。屯户的出身一般都是平民,他们的地位与官佃户相仿,所不同的是,在边疆的特殊环境和屯田的特殊制度之下，屯户受着比较严格的约束，所以，说得更恰当些，他们是有官农奴色彩的官佃户。对于群牧户和鹰坊户的情况，我们知道得不多。他们对国家有强固的、无权解除的人身依附关系，这是没有疑问的。被称为"鹰坊小底"的那些鹰坊户是奴隶，这也可以肯定。问题在于其余的鹰坊户和群牧户究竟处在何等地位。有两条史料可供我们参考。一条史料是：群牧户组成单独的群牧军。在辽朝，奴隶不能充当正军，既然群牧户能够自成一军，想必他们一般不是奴隶。另一条史料是：应历十五年 (965) 穆宗"以获鸭，除鹰坊刺面、腰斩之刑，复其徭役"（《辽史·穆宗纪》）。对奴隶，是谈不上"复其徭役"的。这些鹰坊户既然有可复的徭役，则显然也不是奴隶。由此看来，一般群牧户和某些鹰坊户的阶级地位实与官农奴相仿。对于在盐场、栗园、乌监、兽监等部门中服役的劳动者的境况，我们可以说是一无所知，那就只能弃置不论了。

辽朝设太府监、少府监、将作监、五冶太师和五坊使，以分掌百工。所管的工场有：绫锦院，绣院，瓷窑，铸钱院，铁、铜、银、金诸冶，军器坊，甲坊等等[1]。采炼金属和织造御用彩缎是由国家垄断的，销售铜铁也由国家专其利（《辽史·道宗纪》：清宁九年，"禁民鬻铜"；十年，诏"南京不得私造御用彩缎、私货铁"）。

在国有工场中服役的工匠约分三类：第一类——奴隶，内府百工和某些矿工是奴隶，皇帝可以把他们赏赐给内族、外戚和臣僚，

---

[1]《辽史·天祚纪》有"诸局百工多亡"一句。辽朝的局不是生产单位，内府四局即客省局、器物局、太医局和医兽局，疑"诸局"当作"诸院"。又同书《百官志》谓除五坊外尚有八坊，疑八坊系五坊增置而成。

也可以把罪犯遭送到内府工场或矿山中去做苦工（例如：圣宗曾以工匠赐公主胡骨典；进士康文昭、张素臣、郎玄达等获罪，被"杖而徒之，（李）万役陷河冶"；天祚帝曾将叛党妻子"配役绣院"）。第二类是从官户中征集的役徒，有番代的，也有终身任役的，营造之役大多使用这种役徒。第三类是由官户兼差的矿工，他们以采炼所得"随赋供纳"。

契丹皇帝把国有的土地和工场视同己有。对囊括了天下的封建专制帝王来说，国家所有制和皇室所有制实在没有什么根本的差别，它们是互相联结、互相沟通的两种形式。所以，处在农奴地位的官户可以转化为宫户，例如辽朝屡次把整州整县的国有土地连同官户籍入宫卫。反过来，宫户也可以转化为官户，例如圣宗曾经把原来隶属宫卫的一部分俘降人口析出，置曷术、稍瓦两部——即炼铁部和鹰坊部。由于宫卫一直沿着上升路线发展，所以官户转化为宫户的事例比宫户转化为官户的事例要多得多。

国有土地和国有工场的租税收入和其他收入，一部分被用来维持官僚机构和武装力量，另一部分被用来供养皇室。例如，群牧"常选南征马数万匹，牧于雄、霸、清、沧间，以备燕、云缓急；复选数万，给四时游畋；余则分地以牧"（《辽史·食货志》）。辽朝设立内府诸院，主要是为了满足皇室的需要，其他工场也在不同程度上为皇室而生产。至于鹰坊、鸟监、兽监、栗园等，更是完全为皇室服务的。

3. 皇室经济的几个主要特点

通过以上分析，可以概括出辽朝皇室经济的以下几个主要特点：

第一，占地甚广，役民甚众，且不断扩展其势力，故成为辽朝封建经济的主干。诚如《辽史·兵卫志》所说的，宫卫对契丹皇室起着"强干弱枝"的作用。

第二，皇室所有制和国家所有制，从实质上看，是二位一体的。

第三，以封建奴役形式为主导，兼用奴隶劳动。

第四，宫卫有自己的武装力量，宫户平时耕牧，战时选编成军，宫卫骑军是辽朝的劲旅。

第五，农牧工商，无所不包。

第六，奴役着国内各族人民以及被俘的相邻各族人民。

六、贵族和官僚的私庄（头下军州或者非头下军州）和部曲（二税户或者非二税户）

契丹的贵族和官僚无不占有土地和部曲，尤其是大贵族、大官僚，占有着跨州连县的大片土地和数以千计的部曲。如被誉为"自奉俭薄"的萧惠（国舅，历仕圣宗、兴宗两朝），就拥有"奴婢千余"（《辽史》本传）。平民中间的豪强也占有土地和部曲，但较少。

部曲的来源主要有以下几种：

1. 从部民中分化出来的部曲：他们原来是一般的部落成员，由于丧失生产数据或其他缘故，不得不依附于豪强，沦落为部曲。

2. 契丹将领自行俘掠的部曲：担任前方统帅的契丹将领可以自行俘掠人口，把他们当作自己的部曲，徙至旷地，令其耕牧，加以剥削。这种现象发生在辽朝创立之前，而大盛于辽朝创立之初。

3. 朝廷赏赐的部曲：朝廷常把战俘、罪犯家属、宫户和某些官户赏赐给有功之臣及王亲国戚，少以十数，多则千计^①。

4. 食邑封户：辽代的爵位有国王、郡王、国公、侯、伯、子、男七等，自大康五年（1079）以后只有皇子可封一字王，并可加至二国。实封户数视爵位高低而有等差，多至数百，少亦数十^②。辽朝的食邑制，从某些迹象看，与宋朝的有别，封户沦为部曲。

辽朝有许多旷地，贵族和官僚可以请领或径自占用。对贵族和官僚来说，为了发展自己的势力，首要的条件是占有大量部曲，因为只要占有了部曲，便不愁无处安置。这正如马克思所指出的：

---

① 《辽史》所记实例甚多，略举数条，以示一斑：阿保机即可汗位之七年，"以生口六百、马二千三百分赐大小鹘军"，"辖逆党二十九人，以其妻女赐有功将校，所掠珍宝、孳畜还主；亡其本物者，命责偿其家；不能偿者，赐以其部曲"；世宗天禄元年，"以崇德宫户分赐翼戴功臣及北院大王洼、南院大王吼各五十，安抟、楚补各百"；圣宗统和四年，"以军前卒分赐扈从"，"以所俘分赐皇族及乳母"；兴宗赐耶律玦宫户十；道宗赐耶律乙辛汉人户四十。

② 《辽史》失记封爵等次，致《续通典》谓"辽之封爵惟有国王、郡王、国公三等"。本文所述辽朝封爵等次，系据历来发现的辽代金石资料（备见《辽文汇》）考证。

"封建领主的权力，不是依存于他的地租折的大小，而是依存于他的臣属的人数。"(《资本论》卷一，第907页）

贵族和官僚如果拥有为数众多的部曲，就可以创立城寨，由朝廷给予州县之名，从法律上肯定为封建领地，这就是所谓"头下军州"。头下军州的领主大多是皇族及后族中的势要人物，此外还有个别并非出身于皇族及后族的显宦宠臣。史称："头下军州，皆诸王、外戚、大臣及诸部从征俘掠，或置生口，各团集建州县以居之。横帐诸王、国舅、公主许创立州城，自余不得建城郭。朝廷赐州县额。"(《辽史·地理志》)

辽代前期的头下军州，大多是贵族将领用私俘来创立的，试举一例（是这个时期中创立年代最晚的一个头下军州）："(耶律)阿没里性好聚敛，每从征所掠人口，聚而建城，请为丰州"(《辽史》本传），有户五百（《辽史·地理志》)。

将领擅自俘掠人口的行为，往往与朝廷的意图相违背，妨碍政治方针的贯彻，与皇室的利益也不无冲突，从皇室的立场来看，有引起外重内轻的危险，所以后来朝廷逐渐加以限制。统和四年（986），辽军陷固安，其将领一如往常地肆行俘掠，但是朝廷从收揽民心的政治策略出发，下令"居民先被俘者，命以官物赎之"(《辽史·圣宗纪》)。也是在这一年，"以太尉王八所俘生口分赐赵妃及于越迪辇乙里婉"(《辽史·圣宗纪》)。可见，在辽朝成立约七十年之后，贵族将领私行俘掠人口的权力开始受到限制了。从十一世纪初叶起，战事转稀，俘掠人口的机会随之减少，即使有了俘虏，将领也不得据为己有，而要听候朝廷处置，由此，用私俘来创立头下军州的道路就断绝了。

辽代后期创立的头下军州，大多是由朝廷封赐给贵族的，也举一例："懿州，广顺军，节度，圣宗女燕国长公主以上赐媵臣户置，……建州城，……户四千。"（《辽史·地理志》）

头下建置分州、军、县、城、堡五种："不能州者谓之军，不能县者谓之城，不能城者谓之堡。"（《辽史·百官志》）总称头下军州是举其大者而言。县、城、堡的规模比州、军小，但是数目可能比州、军多。

《辽史·地理志》列举了十六个头下军州，其中只有一个属于遥辇家族（即耶律阿没里的丰州），另外十五个都属于皇族或后族。分言之：公主四个，国舅四个，皇族诸王七个，大体上是皇族与后族平分秋色。这十六个头下军州共有三万四千三百户，其中只有三千五百户可能是牧民，此外绝大多数是汉族和渤海的农民。公主的四个头下军州的部曲最多，共一万九千户，即以四分之一的州数占有二分之一以上的户数。景宗女秦晋大长公主的徽州宣德军独有一万户，居首位。

《契丹国志》记载的头下军州有二十三个，其中与《辽史·地理志》所记相同的大约只有六个。两书之所以有出入，是因为头下军州本身旋置旋废，以及两书搜罗的原始数据都不见得完全。上面根据《辽史·地理志》统计的头下军州总户数，由于这些军州未必同时存在，所以只有作比较参考的价值，不能当作绝对数字看待。

《辽史·地理志》关于头下军州的记载是有缺陷的，这从同书的其他部分，乃至从《地理志》各卷中，也可得到证明。据《圣宗纪》，统和九年（991）"以秦王韩匡嗣私城为全州"，太平元年（1021）"以驸马都尉萧绍业建私城，赐名睦州，军曰长庆"，此二州,《地理志》失载。如果修史者认为有必要把已废的头下军州也一并记载下来,则尚失载乌州、双州、榆州、川州、宗州及贵德州,此六州散见于《地理志》一、二、三诸卷(《契丹国志》亦失载此六州)。

把《辽史》和《契丹国志》的有关材料综合起来,共得三十九个头下军州。还得重复一句,它们有同时存在的,也有先后存在的。

刘锡信谓:通州有村名太子府,复有村名大王庄,"得名当自辽代始"(《潞城考古录》)。此二村既在通州,当与辽帝常去弋猎的延芳淀相距不甚远。辽代延芳淀所在的漷阴县内,"国主、皇族、群臣各有分地"(《辽史·地理志》),该二村在辽代可能也是头下军州性质的庄园。

头下军州的废置无常反映着契丹统治阶级内部的矛盾,是不同派系的贵族相互倾轧所造成的。这里尤其强烈地表现出皇室压制和打击贵族异己分子的意向,凡是被废的头下军州,不是并入宫卫就是收归国有,没有转入其他贵族分子手中的事例。

头下军州是在国有土地上建立的,是臣属于朝廷的领主的领地,领主对头下军州土地的占有权是相对的、不完整和不巩固的。而且,领主无权免除头下部曲的依附关系。太宗时耶律沤里思"私免部曲",结果受到"夺官"的处分(《辽史》本传)。可见,领主对部曲的占有权也是相对的、不完整和不巩固的。朝廷对头下军州的管理虽不及对一般州县那样严格,但领主的权力仍要受到种种限制,因而头下军州几乎在一切方面都具有两重性的特点。

在军政管辖方面:"其节度使朝廷命之,刺史以下皆以本主部曲充焉。"(《辽史·地理志》)这就是说,军事由朝廷掌握,行政由领主委官自理。实则不尽然，头下刺史虽从本主部曲中选授，仍须由朝廷任命。例如：会同三年（940）八月戊申"以安端私城为白川州"，乙卯"置白川州官属"（《辽史·太宗纪》）；统和十四年（996），"以宣徽使阿没里家奴阎贵为丰州刺史"（《辽史·圣宗纪》）。

在商税方面："凡市井之赋，各归头下，惟酒税赴纳上京。"（《辽史·食货志》）这就是说，领主和朝廷各取一部分。

在田赋方面，有如下述："辽人掠中原人，及得奚、渤海诸国生口，分赐贵近，或有功者，大至一二州，少亦数百，皆为奴婢，输租为官，且纳课给其主，谓之二税户。"（《中州集》卷二）所谓二税，说得更明白些，是"其税半输官、半输主"（《金史·食货志》）。这就是说，领主和朝廷各取其半。

头下部曲领耕的份地，其占有权固属于领主，其所有权则属于国家，这就决定了头下部曲对国家也有人身依附关系。因此，头下部曲和处在农奴地位的官户以及宫户是可以彼此转化的。无论向哪个方面转化，都不意味着阶级地位或等级地位的改变，而只是具体隶属关系的改变。头下部曲不同于官户和宫户的特点是，他们有对领主和对国家的双重依附关系，从而成为二税户。所谓二税户，就是半属官、半属私的农奴。

罗继祖先生认为，二税户系"专指寺院所属民户而言"，头下部曲不是二税户（《历史教学》1962年第10期）。他的根据是《辽史·地理志》的一段文字："征税各归头下，唯酒税课纳上京盐铁司。"他还认为，辽的头下到晚期几乎不存在了，而金大定间曾放免辽的二税户，以是亦可知二税户系寺院所属民户。据我所知，上引《辽史·地理志》所记的全文是："井邑商贾之家，征税各归头下，唯酒税课纳上京盐铁司。"参照同书《食货志》的有关记载:"凡市井之赋,各归头下,唯酒税赴纳上京。"我认为,所讲的是商税,不是田赋,因此它并不能证明头下部曲不是二税户。罗文忽略了头上的"井邑商贾之家"几个字,致生误解。金大定间放免契丹二税户有两次。第一次在世宗大定二年,所放的确是寺院二税户。第二次在章宗大定二十九年,所放的不完全是寺院二税户。罗文忽略了第二次,致生误断。金章宗大定二十九年十一月,"上封事者言,乞放二税户为良。省臣欲取公牒可凭者为准。参知政事移剌履谓,凭验真伪难明,凡契丹奴婢今后所生者悉为良,见有者则不得典卖,如此则三十年后,奴皆为良,而民且不病焉。上以履言未当,令再议。省奏谓,不拘括则讼终不绝"。这是女真统治者与契丹农奴主争夺劳动力,也就是争夺纳税户的斗争,移剌(耶律)履是契丹农奴主的代言人,企图以"不病民"为理由,躲过这场风险。最后还是女真统治者坚持原议,遣官分括北路及中都路二税户,"凡无凭验,其主自言之者,及因通检而知之者,其税半输官、半输主,而有凭验者,悉放为良"(《金史·食货志》)。显然,这个材料不但不能证明只有寺院所属民户才是二税户,相反,是证明了契丹的部曲多数(如果并非全部)是二税户。

　　二税户是辽代特有的一种部曲,他们与魏晋时期既耕且战的部曲,与北朝氏族成员出身的部曲,以及与隋、唐、五代、宋的部曲相比,都是有同有异。简单说来,所同的是,所有这些部曲都依附于贵族、官僚或地方豪强,都受着主人的奴役;所异的是,二税户有双重依附关系,中原地区的部曲则只有一重依附关系,而且中原地区的部曲有很多是规避了国家赋役的。

　　唐代施行两税法之后的客户以及宋代的某些客户，也有对国家和对庄主的双重税负，粗看好像和辽代的二税户类同，其实彼此的区别颇不小：客户的双重税负一为官税，一为私租，名目相殊，性质互异，数量也不等；二税户对国家的税负则不分名目，只以税额之半为率。客户一般可以转换主人；二税户的隶属关系的转移或免除则完全取决于国家。总之，客户对国家是没有人身依附关系的，客户与庄主之间除了小部分是主奴关系之外，大部分是租佃关系；二税户则是对国家、对本主都有人身依附关系，都处在农奴地位。

　　头下领主与唐宋庄主之间，有着二税户与唐宋客户之间同等的距离。唐宋的庄主接纳、辞退或转让客户是完全自由的，头下领主一般没有这种权力（辽代前期的情况有些不同，当时领主权力较大）；唐宋的庄主可以自设庄吏，头下刺史则必须由朝廷任命；唐宋的庄园是庄主的私产，头下则有州县之名，属于国家统一的行政建置。总之，唐宋的庄主对自己的庄园有所有权，辽代的领主对头下军州只有在一定条件之下的占有权。

　　契丹的地主、牧主与领主的区别，约有以下三点：1. 领主有头下军州，地主、牧主则否；2. 领主是贵族，地主、牧主未必是贵族；3. 地主、牧主占有的部曲，一般比领主占有的少。既然区别不过如此，就无需细述了。

　　地主、牧主占有的部曲，如果是朝廷赏赐或私自俘掠的，那就也是二税户；如果是私行招纳的隐户，则未必是二税户。

　　从辽代中叶起，头下军州逐渐减少。到辽末，大的头下军州已经不多了。同时，地主的势力在逐渐上升。这种此消彼长的关系，标志着领主经济衰落和地主经济抬头的趋向。不过，增长得更快的是皇室经济。终辽之世，在契丹社会中，地主经济一直未能占到主要地位。

七、部民的阶级地位和分化情况

部民就是部落中的平民，他们对国家的封建依附关系不像贱民的那样明显，境况一般比贱民稍优，但也已沦落到被剥削、被压迫的地位了。

辽朝的创立，对部民来说，意味着封建奴役的加深。在辽初，部民就已承担着繁苛的赋役，这在他们中间引起了严重的不满，曾经迫使朝廷作出一定程度的让步，取消了某些法外之征。如会同二年（939），"乙室大王坐赋调不均，以木剑背挞而释之，并罢南、北府民上供，及宰相、节度诸赋役非旧制者"（《辽史·太宗纪》）。频繁的战争给部民带来了难以估量的损失。太宗连年南伐，结果使得契丹本部也人畜衰耗了。

辽代中叶以后，部民在封建奴役的罗网中愈陷愈深。统和三年（985），"枢密奏，契丹诸役户多困乏"（《辽史·圣宗纪》）。稍后，耶律昭致书萧挞凛，有曰："夫西北诸部，每当农时，一夫为侦候，一夫治公田，二夫给纠官之役，大率四丁无一室处。刍牧之事，仰给妻孥。一遭寇掠，贫穷立至。春夏振恤，吏多杂以糠秕，重以掊克。不过数月，又复告困。"（《辽史·耶律昭传》）

辽代后期，由于贫户增多，赋役的重担就不得不主要由中产阶层的部民来挑了。还在圣宗末年，就已出现这种情况，例如：太平八年（1028），"权北院大王耶律郑留奏，今岁十一月皇太子纳妃，诸族备会亲之帐，诏以豪盛者三十户给其费"（《辽史·圣宗纪》）。至兴宗时更甚，萧韩家奴对兴宗说的一席话，揭露了十一世纪三十年代戍边部民的艰难处境，以及部民中产阶层的负担之重。他说："方今最重之役，无过西戍。……西北之民，徭役日增，生业日殚。……昔补役始行，居者、行者类皆富实，故累世从戍，易为更代。近岁边虞数起，民多匮乏，既不任役事，随补随缺。苟无上户，则中户当之。旷日弥年，其穷益甚，所以取代为艰也。"萧韩家奴又谈到东边戍役的情况："乃者，选富民防边，自备粮糗。道路修阻，动淹岁月，比至屯所，费已过半。只牛单毂，鲜有还者。……或遇役不归，在军物故，则复补以少壮。"（《辽史·萧韩家奴传》）迭剌部的徭役，一向比别的部轻些，有所谓"助役"之法，就是由别的部来分担迭剌部的一部分徭役，重熙十六年（1047）取消了这个旧规（《辽史·耶律仁先传》），目的无非是为了增加役户的数目，于是迭剌部的徭役也骤然加重了。

又《燕北杂记》谓纳牛、驼七十头及马百匹，与此异，不知孰是。

部民内部是在不断地分化着的。按照官方的简单分类，有上、中、下三等户。上户如果向朝廷献纳了一定数量的牲畜，可以成为"舍利"。如旧史所云："契丹豪民要裹头巾者，纳牛、驼十头，马百匹，乃给官名曰舍利。后遂为诸帐官，以郎君系之。"（《辽史·国语解》）在辽代，只有贵族和近臣有裹头巾的资格，如清宁元年

(1055) 九月戊午之诏所示："非勋戚后及夷离堇、副使、承应诸职事人，不得冠巾。"（《辽史·道宗纪》）平民捐得一个舍利，就算是厕身于上流社会了。这种能上升为舍利的豪民在全体部民中是极少数，但在11世纪中叶，他们渐已成为可与贵族分庭抗礼的人物了。清宁元年 (1055) 立冠巾之禁时，亦曾规定，"夷离堇及副使之族并民如贱，不得服驼尼、水獭裘"，三年之后，即清宁四年 (1059)，"弛驼尼、水獭裘之禁"，并且"许士庶畜鹰"（《辽史·道宗纪》）。这个材料可以说明，当时平民中间的富豪渐已跻于接近贵族的地位了。他们大多是地主或牧主，是部民内部向上分化的一极。

更多的部民是朝着相对的一极分化，沦落为贫户、部曲乃至奴隶了。萧韩家奴对兴宗谈戍边部民的苦情时指出："无丁之家，倍直佣倩。……求假于人，则十倍其息，至有鬻子割田不能偿者。"（《辽史·萧韩家奴传》）可见，部民内部的分化在剧烈地进行着，发生了土地集中的现象，也存在着雇佣关系，贫无存身之处的部民只能代人卖命，高利贷则把本已穷困不堪的部民的田土剥夺干净，并把他们抛进奴隶的行列中去。

部民一当了兵，就要刺臂为记。"北王府兵刺左臂，南王府兵刺右臂。"（《武溪集·契丹官仪》）五代兵士黥刺之法是后梁朱温发明的，目的是防止兵士逃散。各地藩帅相继仿效，由是此风大盛。例如：刘守光"悉黥燕人以为兵"；"郓州朱瑾募其军中骁勇者，黥双雁于其颊，号'雁子都'"；东汉刘旻未称帝时，也曾被"黥为卒"（俱见《新五代史》）。契丹黥刺兵士之法可能是效法中原的先例。总之，这是对人的尊严的极度蔑视。在辽朝，除兵士外，只有某些罪犯依法须受黥刑。兵士黥刺虽与罪犯黥刺有不同的作用，但也是部民地位卑下的一种标志。

八、奴隶

奴隶，契丹话叫做"小底"。"北庭汉儿多为契丹凌辱，骂作'十里鼻'，十里鼻，奴婢也。"（《辽史拾遗》引《燕北杂记》）估计十里鼻就是小底，译音所用汉字不同而已。

至于旧史所谓"奴婢"，其涵义比奴隶广得多，是把宫户和部曲也包括在内的；所谓"奴隶"和"家奴"也未必全是真正的奴隶，往往被用来称述宫户或部曲。如《武溪集》谓"十宫人呼小底，如官奴婢之属也"，这是把全体宫户都称为小底和奴婢了。（按，著者余靖使辽时还只有十个宫，故称十宫人。）《辽史·萧惠传》谓萧惠有"奴婢千余"，这是把部曲称为奴婢了。《辽史·王继忠传》谓，圣宗"以继忠家无奴隶，赐宫户三十"，此处所谓奴隶可以兼指宫户、部曲和真正的奴隶。名称如此混淆，我们必须注意分辨。其实也难怪，因为有许多奴隶是出身于宫户或部曲，宫户和部曲中间有许多是要轮番地或长期地出人给主子当奴隶使唤的——这是他们的一种劳役义务。由此，奴隶和农奴的界线不大容易划分清楚。往往，本人是奴隶，家庭则是宫户或部曲，一身而二任焉，与古典形式的典型奴隶有一定的区别。造成这种特点的原因是，奴隶制在契丹社会中有过一定程度的发展，但是契丹社会终于绕过了奴隶制阶段，所以保留在辽代契丹社会中的奴隶制成分已成为封建制体系的附属物了。

辽代占有奴隶最多的是皇室。皇室的奴隶就是收容在瓦里里面的著帐户，其来源不一，而主要是罪隶和俘隶。部落也设有瓦里（《辽史·国语解》："瓦里，……宫帐、部族皆设之。"），其中收容的也是罪隶和其他奴隶。这些奴隶是属于国家的还是属于部落的，就不知其究竟了。国家占有的奴隶是国有工场中的某些工匠，以及在国有工场中做苦工的罪犯。以上三种奴隶——即属于皇室、部落和国家的奴隶，除宫廷奴隶外，其余大多是生产奴隶。至于私家的奴隶，则大多是家奴，其来源也相当复杂，有卖身奴和奴产子，也有朝廷赏赐的俘隶、罪隶和其他奴隶。

大约在11世纪之初，或早些时候，主子已无权擅自处死奴隶了。统和二十四年（1006）规定："若奴婢犯罪至死，听送有司，其主无得擅杀。"（《辽史·刑法志》）开泰六年（1017），"以公主赛哥杀无罪婢，驸马萧图玉不能齐家，降公主为县主，削图玉同平章事"（《辽史·圣宗纪》）。重熙二年（1033），又进一步对奴婢黥刺问题作出如下规定："奴婢犯逃，若盗其主物，主无得擅黥其面，刺臂及颈者听。"（《辽史·刑法志》）上述法令中所谓奴婢，大概是兼指奴隶和农奴而言的。

主人非有谋反大逆之罪，其奴隶和农奴是无权告发的。奴隶和农奴虽可就"国家利便"献议当局，但要遵守一定的程序，即"许白其主，不得自陈"（《辽史·兴宗纪》）。总之，奴隶和农奴都没有独立的人格，奴隶尤其如此，主人可以把他们如同土地、牲畜一般地买来卖去。重熙十五年（1046）"禁契丹以奴婢鬻与汉人"（《辽史·兴宗纪》），可见，契丹内部买卖奴隶是合法的，只不许卖给汉人。

辽代中叶以后，每当奴隶制成分与封建制体系发生尖锐冲突的时候，国家常采取维护封建制、削弱奴隶制的态度。例如：开泰元年（1012），"诏诸道水灾饥民质男女者，起来年正月，日计佣钱十文，价折佣尽，遣还其家"（《辽史·圣宗纪》）。开泰八年（1019），"燕地饥疫，民多流殍，……发仓廪，振乏绝，贫民鬻子者计佣而出之"（《辽史·杨佶传》）。实行这种措施的目的，是要把农民从豪强手中夺回来。为了维护封建国家的利益，就必须打击那些把国家的税户役户攫占为奴隶的地方豪强。后来，在大安七年（1091），"以上京、南京饥，许良人自鬻"（《辽史·道宗纪》），则是一时的权宜之策。

奴隶被释后，其社会地位仍较低。太平七年（1027），"诏诸帐院庶孽并从其母论贵贱"，其明年，"诏庶孽虽已为良，不得预世选"（《辽史·圣宗纪》），可见贵族以女奴为妾者，所生子女虽免为奴，仍不得为贵族。

杀殉是和奴隶制关联着的一种社会现象。契丹也曾有杀殉之风，但不盛行。太祖死，述律后杀大臣多人以殉，主要意图是借机除掉异己分子。述律后本人断一腕纳柩中，也是殉葬的一种方式。景宗死，以近侍二人殉葬，复有"渤海挞马解里以受先帝厚恩，乞殉葬，诏不许，赐物以旌之"（《辽史·圣宗纪》）。景宗第三女延寿奴嫁肯头（萧恒德），"延寿奴出猎，为鹿所触死，后（景宗皇后）即缢杀肯头以殉葬"（《契丹国志·后妃传》）。庆陵中发现的无头尸骨，大概是殉葬人的遗骸。亦有木俑出土，似乎表明当时殉葬之风已告式微。迄今为止，在已经发掘的辽墓中，除庆陵外，都不见有人殉的遗迹,这是契丹奴隶制不曾获得高度发展的一个旁证。

九、奚区、渤海区和汉区的社会经济制度概况

1. 奚区

奚向分五部,辽初奚五部的名号是:遥里、伯德、奥里、梅只、楚里。五部的贵族称为五帐,或称为奚五王族。当初帐和部的划分是一致的,每帐领一部,区别在于,帐仅指贵族,部则是全体。按氏族关系来说,是"部而族者"。

太祖"置墮瑰部,……遂号六部奚"(《辽史·营卫志》)。圣宗把梅只、墮瑰两部并入奥里部,又特置南克、北克两部,部的数目仍是六个,但部和帐的区划已不完全一致了。

此外,还有如下六个奚部:迭剌迭达部、乙室奥隗部、楮特奥隗部、撒里葛部、窈爪部、耨碗爪部,都是由降附契丹较早的奚人组成的。前三部系太祖所置,后三部初隶宫卫,圣宗始置为部。

奚族的阶级分化大体与契丹同一步调。还在辽朝成立之前,奚王族就已占有为数众多的部曲。在奚族被契丹征服的过程中,奚王族一再受到沉重的打击。第一次是在遥辇鲜质可汗时,由迭剌部夷离堇撒剌的率领的契丹部队击败了奚王族的部队,俘虏了奚王族的许多部曲,后来就以这些部曲设置迭剌迭达部。第二次是在辽初天赞二年(923),奚王族的反抗被彻底摧毁,奚王族的一些部曲(奚王府给役户)则被收入新设的墮瑰部中。经过两次打

击，奚王族占有的部曲大为减少了。

但是，契丹统治集团为了壮大自己的力量，也要联合奚王族，所以允许奚王族保留了相当数量的土地和部曲。统和二十年（1002），"奚王府五帐六节度献七金山土河川地，赐金币"（《辽史·圣宗纪》）。可见，辽代奚王族占有的土地是不少的。奚人中的王族之家，即使已经衰落，一般仍占有若干部曲，例如拨剌，幼丧父母，"养于家奴奚阿列不"（《辽史·萧药音奴传》）。

辽代奚王族"世与辽人为昏，因附姓述律氏中"（《金史·回离保传》）。辽朝从奚王族子弟中选授奚王（奚六部大王）。《辽史》收录了六个奚王族出身的大臣的传记，这六个人就是和朔奴、萧观音奴、萧药音奴、萧蒲奴、萧韩家奴（此人与上文提到的契丹萧韩家奴非一人）和回离保（萧干），多数曾任奚王。奚王非世爵，亦非终身职位。一般的奚王，其资财及地位固不敌契丹诸王，终究是六部奚人中的首要和首富。他们占有相当广大的田庄，并且，同契丹诸王一样，还有避暑庄。奚王的待遇也是优厚的，"俸秩外，给獐鹿百数，皆取于民"，直到统和十二年（994）才免除了这种俸外的摊派（《辽史·萧观音奴传》）。苏辙的《奚君宅诗》可帮助我们了解奚王在管区内作威作福的情况："奚君五亩宅，封户一成田。故垒开都邑，遗民杂汉编。不知臣仆贱，漫喜杀生权。燕俗嗟犹在，婚姻未许连。"（《栾城集》卷十六）

奚族部民承担的赋役和契丹部民的大体相同，奚族宫户属于蕃汉转户之列，奚族部曲的地位和契丹的部曲一般无二，因此毋庸细述。迭剌迭达部虽附姓耶律氏中，因为是部曲出身，地位卑下，处境也不优于其他奚人，《辽史》为之立传的只有耶律斡腊一人。

　　奚族地区封建奴役关系的发展不比契丹地区慢。值得一提的是，奚族地区广泛地流行着奚汉之间的租佃关系。咸雍四年（1068）及大康三年（1077）两度使辽的苏颂，路过中京奚区，见到"耕种甚广，牛羊遍谷，问之，皆汉人佃奚土"（《苏魏公文集》卷十三）。这也就是大安五年（1089）使辽的苏辙所讲的"遗民杂汉编"。苏辙在使辽途中，还写过一首《出山诗》，其中比较具体地介绍了奚区汉族佃客的情况："汉人何年被流徙，衣服渐变存语言。力耕分获世为客，赋役稀少聊偷安。"（《栾城集》卷十六）显而易见，这些汉人是既要向地主交纳实物分成地租，又要为国家纳税服役的佃农。这种佃农与契丹的二税户不同，与唐宋的一般佃客则是相同的。雇佣劳动在奚族社会中也有一定程度的发展，例如，奚王族出身的萧蒲奴，"幼孤贫，佣于医家牧牛。伤人稼，数遭笞辱"（《辽史》本传）。这个材料还可以说明，甚至个别破落的贵族也不免陷入了被剥削、被凌辱的难堪处境。奚族内部阶级分化之烈，由此亦可想见。

　　2. 渤海区（本节凡言渤海人，都是指原渤海国这个地方的人，其族别不一）

　　渤海地区在并入辽朝之前，已经是早期的封建社会。除了王族大氏之外，"右姓曰高、张、杨、窦、乌、李，不过数种。部曲、奴婢无姓者，皆从其主"（《契丹国志》卷二十六《渤海国》）。

　　辽太祖灭渤海，即以其地置东丹国，立长子突欲为东丹王。东丹国岁贡帛十五万端，马千匹。辽太祖去世后，次子尧骨继立，是为辽太宗。由是，东丹王与辽太宗相猜忌。天显三年（928），徙东丹民实东平。两年后，东丹王不自安，奔后唐，从此东丹国就名存实亡了。乾亨间 (979—982)，罢东丹国中台省，于是东丹国正式撤销[①]。

渤海王族被迁居于辽朝内地，名义上是亚于遥辇家族的贵族，实际上受着严格的监视。对渤海的其他贵族和豪强，辽朝的政策是，一方面要加以防范，另方面要加以利用。因此，"徙其名帐千余户于燕"，这是为了调虎离山，便于控驭；同时，"给以田畴，捐其赋入，往来贸易关市皆不征，有战则用为前驱"（《松漠纪闻》）。但是，多数的贵族和豪强还安居未动，辽朝允许他们保持其故有的奴役方式，例如：天显三年徙东丹民实东平，"其民或亡入新罗、女直，因诏困乏不能迁者，许上国富民给赡而隶属之"（《辽史·太宗纪》）。

这些渤海地主阶级分子，大部分也投靠契丹贵族，同契丹贵族站到一条阵线上去了。东丹国中台省置左右大次四相，契丹人和渤海人各二名，当然，真正掌握大权的是契丹人，渤海人在里面只充当配角，所以左大相通常总是契丹人。在东丹国中台省撤销后，渤海地区由东京留守治理，历任东京留守也都是契丹人，渤海人只能做副留守及户部使等官。渤海地主阶级的情况与汉族地主阶级的情况有一点不同，汉族地主阶级是主动投靠并利用了契丹贵族，渤海地主阶级则大多是被迫屈从契丹贵族，所以在渤海地主阶级与契丹贵族之间，矛盾比较多，裂痕比较大。

——————————
[①]此事，《辽史·百官志》及同书《圣宗纪》所记有异。《百官志》曰，东丹国中台省，"乾亨元年，景宗省"。《圣宗纪》曰，乾亨四年十二月，"省置中台省官"，此时景宗已死，圣宗已立。二说，虽以后者较为可信，但未敢必。

在辽朝的安排下,有些契丹贵族和原来依附契丹的汉族地主也进入了渤海地区,但是他们主要集中在东京。至辽末金初,"富室安居逾二百年,往往为园池,植牡丹,多至三二百本,有数十干丛生者,皆燕地所无"(《契丹国志》卷二十六《渤海国》)。

渤海地区的平民,大多是自耕农,也有些是官佃户。由于渤海地区在入辽之前税目较少,税赋较轻,辽朝起初不得不迁就其旧俗,沿用其成规,因此在入辽之后将近一个世纪的时间内,"未有榷酤盐曲之法,关市之征亦甚宽弛"(《辽史·圣宗纪》)。战时也不括马。后来加重税赋,民情鼎沸,酿成了以大延琳为首的事变。平定大延琳起事之后,辽朝一度对渤海地区人民作出了某些让步,可是,事过不久,他们的税赋又加重了,例如,重熙十五年(1046)规定:"渤海部以契丹户例通括军马。"(《辽史·兴宗纪》)总之,辽朝对渤海地区的统治是逐步加强的,而渤海地区人民与辽朝的矛盾则相应地逐步加深了。

渤海的宫户,同汉人宫户一样,也是番汉转户,因此对他们也不必赘述了。

渤海地主役属的部曲同契丹贵族占有的部曲似乎有些区别,没有任何证据可以说明他们是二税户,估计他们同燕云地区汉族地主役属的部曲一样,也不是二税户。辽末,大臣张琳募辽东转户从军,得三万余人(一说得二万余人),转户就是由部曲转为平民,可见渤海地区的部曲是不少的。

3. 汉区

沦陷在辽朝统治下的汉区,早就存在着发达的封建生产方式。汉区的封建生产方式，起着把辽朝其余地区也吸引上封建化轨道的作用。

契丹贵族和汉族豪强地主之间是彼此勾结和相互利用的关系：一方面，汉族豪强地主需要凭借契丹贵族的政权和武力来维护他们的地位；另方面，契丹贵族为了加强和巩固对汉族劳动人民的统治，也有必要联合汉族地主阶级，并利用他们中间那些有丰富阅历和一定才具的政治代表人物。韩、刘、马、赵四大家族是燕京地区头等的豪强，也是辽朝政治舞台上的风云人物。韩姓的权贵声势尤其煊赫，当时有"耶律、萧、韩三姓恣横"的说法（《乘轺录》）。有些汉族官员，如韩德让、王继忠、张孝杰、李仲禧、刘霖、王观、杨兴功、陈昭衮、李俨等，受赐"国姓"，即改姓耶律，被接纳为契丹皇族成员了。

韩知古家族是与契丹皇室相勾结的汉族豪门的典型。韩知古本人追随辽太祖，积功官至中书令。其子孙多被选授要职，并成为大地主乃至大领主。如其子韩匡嗣，官西南面招讨使，封秦王，有私城全州。匡嗣子德让在圣宗朝为大丞相，充契丹、汉儿枢密使，总揽军政，权倾中外，连一般的契丹贵族也为之侧目。后来受赐国姓，更名隆运，隶横帐，位在亲王上。他原有私城宗州，后来则"拟诸宫例"置王府。其兄弟九人，都超授显官，封王；诸侄三十余人，封王的有五人，其余分任节度使及行宫都部署等职。宋朝的使臣说："韩氏世典军政，权在其手。"（《乘轺录》）韩德让族弟韩瑜的原配和继室都姓萧，瑜子橁先后三娶，姓萧的有两个。韩瑜的子女有的还取了契丹名字（《韩瑜、韩橁墓志》，见《人文》1936年4月号）。这个家族实在已经和契丹皇室打成一片，并且已经部分地契丹化了。

有些汉族的权贵，如赵德钧、赵延寿父子，在入辽前就已占有广大的田庄。另有些汉族的权贵，如韩氏等，则是在入辽后兴起的。契丹皇帝常把土地人民赐给有功的汉官。如宋朝的边将王继忠降辽后，见用，为辽宋议和起了牵线作用，圣宗赐给他宫户三十。又如李仙寿，"尝脱辽主之舅于难，辽帝赐仙寿辽阳及汤池地千顷，佗物称是"（《金史·李石传》）。个别曾经担任一方主帅的汉族大臣，如韩匡嗣、韩德让等，除了有朝廷赏赐的土地人民之外，还有自行俘掠的大群部曲，得以建立头下军州，成为领主。其他品位较高的汉官虽非领主，也都有规模大小不等的私庄。

至于那些无官无爵的汉族地主，他们扩大私庄的主要手段是兼并。统和十三年（995），"诏诸道民户应历以来胁从为部曲者，仍籍州县"（《辽史·圣宗纪》）。可见，豪强兼并农民、农民化为部曲的过程，早就广泛地发生了。这必然使国家税入缩小、役徒减少，于是在官府与地方豪强之间展开了一场斗争。还有这么一个例子："贾师训……按察河东路刑狱，闻有酋豪负势诈良民五百口为部曲，……公伺得其情，乃召酋豪诘之，一言切中其病，语立塞，因籍其户还官。"（《辽相国贾师训墓志》，见《辽陵石刻集录》）一个豪绅占有部曲五百口，相当于一个小的头下军州了。豪强地主就是这样吞并掉许多小土地占有者和小土地使用者，使自己成为大土地占有者。这种依附于豪强地主的部曲有别于那种身为二税户的部曲，因为他们和非法的隐户类似，已经脱离州县之籍，规避了对国家的赋役义务。同时，由于他们对主人的依附关系很强，地位接近农奴，所以也有别于一般的佃客。

辽朝对汉族农民和其他劳动人民施以严酷的统治，对汉族豪强地主则除了在具体利益发生冲突的场合下有一定斗争之外，通常是优容和妥协的。苏辙说："北朝之政，宽契丹，虐燕人，盖已旧矣。然臣等访闻山前诸州祗候公人，止是小民争斗杀伤之狱，则有此弊；至于燕人强家富族，似不至如此。"（《栾城集》卷四十二）

的确，所谓"小民"的处境与强家富族有天渊之别，他们受着双重的压迫：除了阶级压迫之外，还在一定程度上受着民族歧视的压迫。

把本章先后介绍过的汉族农户类别总括起来，计得七种，就是：

1. 自耕农　2. 佃客　3. 身为二税户的部曲

4. 并非二税户的部曲　5. 官佃户及屯田户

6. 官农奴　7. 宫户

在南京、西京两道，以自耕农、佃客、官佃户及并非二税户的部曲居多；在其余三路，以宫户、官农奴及身为二税户的部曲居多；在西、北、东三面的边境，则主要是屯田户。种类如此繁殖，其间的差别只不过是封建依附关系的具体形式和程度的不同；从阶级地位来看，就清楚得多了，不是农奴便是其他的封建依附农民，连自耕农也对封建国家有一定的依附关系。各类农户之间的比例关系在经常的变动着，总的趋向是，在官税、私租、公役的重压下，小土地占有者身份的自耕农和官佃户减少了，各类农奴和佃客则相应地增多了。每逢灾年饥岁，或当战事频繁之际，农村中的兼并过程进行得更加激烈，化为部曲的农户固大增，化为奴隶的农户也不少见。

十、寺院经济和侩侣阶层

佛教在辽朝境内广泛传播，信佛、佞佛之风遍及各族、各阶层，上行下效，日甚一日。巨量的社会财富在宗教迷信活动中被无谓地耗费掉，例如饭僧，皇室饭僧动辄以数万计。会同五年（942），太宗因太后病，"饭僧五万人"（《辽史·太宗纪》）。大康四年（1078），在道宗的命令下，"诸路奏饭僧尼三十六万"（《辽史·道宗纪》）。不仅如此，贵族、官僚以及许多小有产者纷纷把财产施舍给寺院，有些大贵族、大官僚出资创建寺院，并把土地和部曲捐赠给寺院，由此，寺院的数目逐渐增加，寺院的资产也逐渐丰厚了。从遗留至今的一些辽代寺院碑记中，可以约略看出寺产丰厚的程度。

据《晋阳寺庄帐记》，当兴宗时，该寺有田地至少四百九十七亩（因系残文，数字不全），寺舍三百八十余架，僧徒一百一十人（《辽文汇》）。据《上方戚化寺碑记》，约当道宗朝初，该寺"野有良田百余顷，园有甘栗万余株"（《辽史拾遗》引《盘山志》）。咸雍六年（1070）建成的静安寺产业更大，据《创建静安寺碑铭》，该寺系"兰陵郡萧夫人"捐资创建，建筑费用二万余缗，"寺既成，……延僧四十人，有讲则复益二□□□。……施地三千顷，粟一万石，钱二千贯，人五十户，牛五十头，马四十匹，以为供亿之本。……敕赐曰静安寺"（《辽文汇》引《承德府志》）。还有一个观鸡寺，产业也不小，据大安九年（1093）立的《景州陈公山观鸡寺碑铭》，知该寺有"土庄"三千亩，山林一百余顷，果木七千余株，佛殿、僧房及店舍一百七十间，僧徒一百余人（《辽文汇》引《遵化通志》）。从经济上看，大大小小的寺院也是大大小小的庄园。

史称："辽人佞佛尤甚，多以良民赐诸寺，分其税，一半输官，一半输寺，故谓之二税户。"（《金史·食货志》）由此可知，寺院的属户也是有双重依附关系的农奴。

寺院和僧侣还放债取息，如苏辙所讲的："僧徒纵恣，放债营利，侵夺小民，民甚苦之。"（《栾城集》卷四十二）据《添修晋阳寺功德碑记》，约当道宗朝末，该寺贷出"粟一千硕，钱五百缗，每年各息利一分"（《辽文汇》）。

寺院积累了大量的钱财。据《普济寺严慧大德塔记铭》，三学寺在三年中就积存了五千余贯（《辽文汇》）。大安三年（1087），"海云寺进济民钱千万"（《辽史·道宗纪》）。）

僧侣集团的内部在阶级地位上是很不一样的，一般的下层僧尼虽则也部分地或完全地过着寄生生活，成为社会的赘疣，但还不是剥削阶级的成员。僧侣集团中的封建上层是那些出身名门，或家饶资财，并占居高位的人物。他们有时还涉足仕途，猎取高官厚禄。如景宗"以沙门昭敏为三京诸道僧尼都总管，加兼侍中"（《辽史·景宗纪》）；兴宗朝"僧有正拜三公、三师兼政事令者凡二十人"(《续资治通鉴》卷四十二);道宗亦曾"加圆释、法钧二僧并守司空"(《辽史·道宗纪》)。

寺院的发展使大批有劳动能力的男女脱离了生产,使巨量的社会财富虚耗浪掷,它实在是长在辽朝的机体上的一个大毒瘤。无怪乎有个宋朝的使臣幸灾乐祸地给它下了一个结论:"此盖北界之巨蠹,而中朝之利也。"(《栾城集》卷四十二)

不过,辽代寺院经济的发展,既没有达到在北朝那样成为封建经济鼎足之一的程度,也不如在同时的五代诸国中那么兴盛。北朝曾一再"灭佛"。五代佞佛与灭佛也是交相更替的,如后周在显德二年(955)"大毁佛寺,禁民亲无侍养而为僧尼及私自度者","废天下佛寺三千三百三十六。是时中国乏钱,乃诏悉毁天下铜佛像以铸钱"(《新五代史》卷十二《周本纪》)。这种激烈的事件在辽朝历史上是没有的,这是因为:一方面,辽代寺院经济的发展受着占压倒优势的皇室经济和世俗领主地主经济的限制;另方面,辽朝为了利用佛教从精神上加强对人民的统治,固然曾推动寺院经济发展,但并不纵任寺院伸张其势力。当寺院势力有过度膨胀的危险时,朝廷亦曾加以约束,例如:统和九年(991),"诏禁私度僧尼";统和十五年又"禁诸山寺毋滥度僧尼"(《辽史·圣宗纪》)。道宗信奉佛教是够深的了,也曾在清宁十年(1064)"禁僧尼私诣行在,妄述祸福取财物"(《辽史·道宗纪》)。总之,佛寺在辽朝是封建王朝手中的一个驯服的工具,它虽有普遍的发展,但不致危及皇室和整个封建统治阶级的利益。

第五章

辽代契丹的社会组织和辽朝的上层建筑

一、家庭、氏族、部落以及原始社会的遗风余俗

1. 家庭、氏族

早在辽朝创立之前，家庭已成为契丹社会的经济细胞。辽代契丹社会中仍有氏族和部落存在，但是，氏族的作用已大为减弱，部落的性质和作用已显著改变，而家庭则在社会生活的许多方面取得了更加重要的地位。

在契丹历史上，父家长制的大家庭似乎没有得到充分的发展，至少它在辽朝成立前后已分解为小家庭了。《辽史》记录了朝廷旌赐数代同居之家的实例，总共有六家，其中，五家是汉人，一家是奚人，而契丹人却连一家也没有。即使汉人和奚人，只要三世以上同居，就有获得旌赐的资格了，这就是统和元年（983）规定的：“有孝于父母，三世同居者，旌其门闾。”（《辽史·圣宗纪》）具体的事例，如：咸雍十年（1074），“以奚人达鲁三世同居，赐官旌之”；寿昌六年（1100），“天德军民田世荣三世同居，诏官之，令一子三班院祗候”（《辽史·道宗纪》）。同中原和南方相比，辽朝的大家庭显然是少得多。例如南唐，在升元三年（939），有五代同居的七家，其中陈氏宗族一家竟有七百口之多（《新五代史》卷六十二）。奚和契丹的社会组织大体相同，既然奚人极少有三代同居的事例，那么，由此就可以推测一般的契丹家庭也都是只包括父子两代的小家庭。这种局面的形成，大概与早期形式的奴隶占有关系未曾得到畅足发展有直接的关联。

作为经济细胞的家庭的出现，对氏族制度是一个打击。特权

家族——所谓"族而不部"的帐从氏族中分裂出来，说明氏族已不再是具有共同经济利益的集体了。氏族联系的削弱和社会的阶级分化是等速并进的，前者是后者的结果。自然，这个过程占着一个漫长的历史时期，但是自从辽朝成立，便出现了氏族制度加速解体的景象。国家的形成对氏族制度又是一个打击。在剧烈的社会变动中，血缘组织逐渐让位于地缘组织，氏族无可挽回地丧失了它的传统的权威，降低到只能起表明血缘系属的作用了。

辽代每个契丹部落有两个石烈，唯独迭剌部是例外，它的五院、六院两个分部各有四个石烈。这种成对的行政区域，追根溯源，最初可能是以氏族两合组织为基础建立的，后来，由于族别纷繁的部曲和奴隶的增多，由于垦殖和防戍，以及由于朝廷从部落中抽拨大量户口充实宫卫等原因，氏族组织不复与行政区划相符了。

"契丹部族本无姓氏，惟各以所居地名呼之，婚嫁不拘地里。"（《契丹国志》卷二十三）咸雍十年，耶律庶箴上书"乞广本国姓氏，曰：'我朝创业以来，法制修明，惟姓氏止分为二，耶律与萧而已。始太祖制契丹大字，取诸部乡里之名，续作一篇，著于卷末。臣请推广之，庶诸部各立姓氏，使男女婚媾有合典礼。'帝（道宗）以旧制不可遽厘，不听"（《辽史·耶律庶箴传》）。这里所谓"不可遽厘"的"旧制"，应该就是氏族在地域上的明确界划。在那时，这种界划早已被冲破了，早已产生"婚嫁不拘地里"这种不合"典礼"的现象了。历史的潮流自然不是企图复古的耶律庶箴之辈所能逆转的。

可是，在耶律、审密这两个氏族中，特别是在皇族与后族中，仍旧严格地奉行着氏族外婚的原则[①]。而且，皇族嫁娶必择后族，后族嫁娶亦必择皇族，例外的情况是不多的。据《辽史·公主表》，只有四个公主没有嫁给萧姓的后族，并非偶然的是，她们都是非萧姓的妃子生的：

景宗第四女淑哥，渤海妃所生，初嫁卢俊；

圣宗第八女长寿，亦渤海妃所生，嫁大力秋；

圣宗第九女八哥，妃白氏所生，嫁刘三嘏；

圣宗第十一女擘失，亦白氏所生，嫁刘四端。

皇族及后族由于世通姻谊，所以盛行姑表婚，排斥姨表婚。

2.母权的残迹

从辽代契丹的社会生活中，还能看到母权的若干残余，这是在契丹历史上无可稽考地久远的母系氏族遗留下来的痕迹，它们表现为女性在社会生活某些方面受到尊崇的事实，主要有以下几点：

(1)再生仪："凡十有二岁，皇帝本命前一年季冬之月，择吉日。前期，禁门北除地置再生室、母后室、先帝神主舆，在再生室东南倒植三岐木。其日，以童子及产医妪置室中，一妇人执酒，一叟持矢箙，立于室外。有司请神主降舆，致奠。奠讫，皇帝出寝殿，诣再

---

①作为氏族的耶律、审密，作为氏姓的耶律、萧，以及作为最高等级的皇族、后族，三者并不完全吻合。耶律氏族包括大贺、遥辇、世里等家族，审密氏族包括拔里、乙室已等家族。皇族即世里家族，而后族除拔里、乙室已两个家族之外，还有述律家族和"国舅别部"。耶律氏族皆姓耶律，审密氏族、述律家族及"国舅别部"皆姓萧。此外，契丹别部的贵族，若非姓耶律，则必姓萧。奚族有耶律姓，亦有萧姓。可见，作为氏姓的耶律和萧是内涵比较广泛的概念。

生室，群臣奉迎，再拜。皇帝入室，释服，跣，以童子从，三过岐木之下。每过，产医妪致词，拂拭帝躬。童子过岐木七，皇帝卧木侧，叟击簇曰：'生男矣！'太巫幪皇帝首，兴，群臣称贺，再拜。产医妪受酒于执酒妇以进，太巫奉襁褓、彩结等物赞祝之。预选七叟，各立御名系于彩，皆跪进，皇帝选嘉名受之，赐物。再拜，退。群臣皆进襁褓、彩结等物。皇帝拜先帝诸御容，遂宴群臣。"（《辽史·礼志》）据说，再生仪是阻午可汗创制的。在再生仪中，除宗教成分外，昭然显示出对母性的尊重。

(2) 皇后及太后的地位：契丹的皇后及太后，尤其是初期和中期的几个，常参与军国要事的决策和执行。其最著者，当推太祖应天皇后述律月理朵及景宗睿知皇后萧燕燕。述律后屡为太祖筹谋划策，并选蕃汉精兵置属珊军，曾亲自领兵击败室韦。萧后在景宗晚年即"以女主临朝"，在圣宗即位后"临朝称制凡二十七年"（《契丹国志·圣宗天辅皇帝》）。她"善驭左右，大臣多得其死力"（《契丹国志·后妃传》），并能大胆擢用汉官，注意整顿吏治。她也曾出入疆场，亲自指挥对宋朝的战争。此外，圣宗钦哀皇后萧氏曾于兴宗初年摄政，兴宗仁懿皇后萧氏曾于道宗初年亲督卫士击溃叛党，齐妃（景宗皇后女兄）曾领兵三万余镇守西北边境，也都是可以一提的。诚如《辽史》所云："辽以鞍马为家，后妃往往长于射御，军旅田猎，未尝不从。如应天之奋击室韦，承天（景宗皇后在圣宗即位后加尊号为承天皇太后）之御戎澶渊，仁懿之亲破重元，古所未有，亦其俗也。"（《辽史·后妃传论》）但是，《辽史》的撰者只知其一，不知其二，没有看到这是因为当时契丹还保持着尊重女性的传统。景宗"谕史馆学士，书皇后言亦称'朕'暨'予'，著为定式"(《辽史·景宗纪》)，这也可以说明契丹的皇后确实享有异乎寻常的尊崇地位。

(3) 奥姑："契丹故俗，凡婚燕之礼，推女子之可尊敬者坐于奥，谓之奥姑。"(《辽史·公主表》)如太祖女质古幼时曾为奥姑。

(4) 女巫：契丹的巫师多为女性。再生仪、岁除仪及正旦惊鬼仪等，皆有女巫司其事。祭山仪及瑟瑟仪等，亦有女巫参与。穆宗早年深受女巫肖古蛊惑。圣宗曾分遣巫觋祭祀国内的名山大川。

对上述这些母权的残余的作用，不应估计过高，因为它们在辽代契丹的社会生活中虽仍有一定的影响，但已不是一种制度了。这里提到它们，与其说是为了说明当时现实生活的一个方面，毋宁说是为了通过它们来察见遥远的过去的影子。

3. 部落

辽初契丹仍为八部，其名号与遥辇后期八部无异。天赞元年(922)，分迭剌部为北院、南院两部。于是契丹部落的数目增加到九个。

南院即六院，六院或称六爪。"爪，百数也。"六爪即六百。据《辽史·国语解》，六爪是奚人，即六百家奚。这是一个孤证，未必确实，但也不失为一条线索，此外我们可以找到以下两个佐证。

(1)《契丹国志》曰：辽有"一百、六百、九百家奚"。《辽史·营卫志》曰："奚有三营，曰撒里葛，曰窈爪，曰耨碗爪。太祖伐奚，乞降，愿为著帐子弟，籍于宫分，皆设夷离堇。圣宗各置为部，改设节度使。"由此可知，"爪"(百)确是奚部惯用的名称，在"爪"上再加一个数字，就成为部号了。(2) 迭剌部和乙室部在遥辇初期还是一个部，共有六营，至阻午可汗时析为迭剌、乙室两部，而迭剌部在天赞元年又析为北院、南院两部。据《辽史·营卫志》，北院、南院两部各有四个石烈，乙室部有两个石烈，北院、乙室两部合计恰好是六个石烈，营无非就是石烈，由此看来，南院的四个石烈可能是外来的。在契丹八部中，迭剌部户口增长特快，想必是因为大量吸收了外来的成分，否则是无法圆满解释的。有了以上两个佐证，虽还不能断定六爪确是六百家奚，但也使我们从相反的方面觉得没有足够的理由来否定这个说法，就作为一个有待于继续查究的悬案提出来吧。

　　在辽代的所谓"太祖二十部"和"圣宗三十四部"中，除了上述九个部或八个半部之外，其余都不是契丹部落，而是由奚、室韦、女真、突厥、回鹘、乌古、敌烈等族的降附人口组成的部落。经过二百来年，他们在不同程度上和契丹同化了，彼此可以通婚[①]，有的还采用了契丹姓氏，如奚迭剌迭达部姓耶律，奚王族姓萧，敌烈部的酋长后来也有以萧为姓的。但也有直到辽末金初尚未同化的，如女真移典（乙典）部，在金大定十七年又恢复了女真族籍（《金史·食货志》）。

　　按照《辽史·营卫志》的说法："有族而部者，五院、六院之类是也；有部而族者，奚王、室韦之类是也；有部而不族者，特里特勉、稍瓦、曷术之类是也；有族而不部者，遥辇九帐、皇族三父房是也。"所谓"族而部"，是指以一个氏族为基础组成一个或几个

---

① 《辽史·道宗纪》：大安十年，"禁边民与蕃部为婚"。既然要禁，那就是说已经有例在先了。这是专就契丹人与外人通婚而言的。至于蕃部之间相互通婚，辽朝从来没有禁止过。

部落；"部而族"适与"族而部"相反，是指一个部落包容着若干氏族；"部而不族"，是指部落内部已经没有明显的氏族界线了；至于"族而不部"，则是指保持着氏族或家族组织，而已经从部落中分化出来的显贵家族。辽朝境内的各个部落，大多处在由"部而族"或"族而部"向"部而不族"转化，即由氏族部落向地域部落转化的过程中。因此，同一个部的人，姓氏未必相同。迭剌部的北院和南院，起先据说是"族而部"的，是以耶律氏族为基础组成的，可是后来就既有耶律姓，也有萧姓了。例如：北院部人有萧塔列葛、萧迂鲁和萧素飒等，南院部人有萧塔剌葛和萧兀纳等，皆见《辽史·列传》；述律家族至少有一个分支（布猥家族）也在北院部中①。至于特里特勉、稍瓦、曷术等部，则本来就是由氏族成分甚至部族成分相当驳杂的一些成员组成的，它们是纯粹的地域部落。

　　每个契丹部落都有自己的独特标志。旗帜的颜色，贵族和官僚的礼服的颜色，以及马匹的印文等，都因部而异。部落的组织，尽管内部发生了剧烈的阶级分化，尽管经受着政治风浪的摇撼，还是保持了下来，而且在政治、军事等方面还起着重要作用。但是，它的实质已经根本改变了。使用部落领有的土地不再是天然的主权，而要以承担赋税徭役为前提了；先前在某种程度上通过民主选举产生的酋长，已由朝廷委派的官员取而代之了；先前八部首长对重大问题的会商，变为由朝廷发号施令了；部落的战士，先前

---

① 《辽史·兴宗纪》：重熙九年，"以北大王府布猥帐郎君自言先世与国联姻，许置敌史，命本帐萧胡睹为之"。考，胡睹伯父孝穆为太祖述律皇后弟阿古只五世孙，由是知布猥家族是述律家族的一个分支，著籍北院。

是自由的、平等的部落成员，参加作战与其说是义务，不如说是权利，现在已经变成被朝廷利用、受朝廷调遣的一种工具，因而人民就以从军为苦役了。

4. 部落酋长和氏族长者的余威

部落酋长和氏族长者在辽初还有不可小视的势力，朝廷不能不考虑他们的意见。阿保机即可汗位之八年（914），因于越率懒之子化哥谋反，"召父老群臣正其罪"（《辽史·太祖纪》）。太宗承袭帝位，事前曾经商得各部酋长同意。后来，太宗曾经"召群臣耆老议政"（《辽史·太宗纪》）。太宗还说过："吾国广大，方数万里，有君长二十七人。"（《资治通鉴·后汉纪》）所谓"父老""耆老"，无非是氏族的长者和退职的酋长。所谓"君长"，无非是部落的酋长。世宗准备南征，"与酋长议于九十九泉。诸部皆不欲南，帝强之"（《契丹国志·世宗天授皇帝》），结果世宗被见机而发的叛党杀死，南征之议终不果行。辽初贵族谋反事件的屡仆屡起，以及在帝位承袭问题上发生的几场风波，也都表明当时契丹各部酋长的传统势力还没有被摧毁，这些酋长对朝政的动向还能施加一定的影响。

契丹皇室为了削弱部落酋长和其他部落旧贵的实力，采取了以下这些措施：（1）革除部落自选酋长的旧例，改为由朝廷委任。（2）鉴于迭剌部人多势炽，而且是旧贵集中之区，所以对它实行分而治之，在天赞元年（922）析为北、南两院，由北、南大王分别治理（会同元年，938年，两院夷离堇改称大王）。乙室部先前和迭剌部是同一个部，也是一个强部，所以也设了大王以加强约束。（3）从契丹各部中抽出大量户口，充实宫卫，达到"强干弱枝"的目的。(4) 不使贵族长期担任本部长官,并且不使部落长官的职位长期由本部贵族把持,这就是圣宗所讲的:"诸部官惟在得人,岂得定以所部为限。"(《辽史·圣宗纪》)这些措施都收到了一定的效果。景宗以后,篡位和反叛的事件虽也发生过几次,但只是少数贵族异己分子的阴谋活动,已不像从前那样往往能煽动部民一起举事了。

5. 原始民主的遗风

原始社会的民主传统,在辽代的契丹社会中,已不复存在了。但它的某些形式,在服从封建帝制的前提下,以或多或少地变改的面貌保存了下来。其中,柴册仪是一个最明显也最重要的实例。

柴册仪是契丹皇帝即位时或即位后例应举行的一种典礼,它通过一些富于象征性的动作,来模拟古代契丹选举可汗的仪式。王易在《燕北录》中描写了清宁四年 (1058) 道宗行柴册仪的经过,据他说,要挑选九个人假扮皇帝,连同皇帝本人是十个人,一样的身材,一式的服装,悄悄地分头走进预先设下的十个庐帐,然后由契丹大臣分投各帐"列何骨臠"(原注"捉认天子也"),"若捉认得戎主者,宣赐牛羊驼马各一千"。那一次捉认到道宗的是宋国大王。"番仪须得言道:'我不是的皇帝。'其宋国大王却言道:'你的是皇帝。'如此往来番语三遍,戎主方始言道:'是便是。'出帐来著箱内番仪衣服毕,次第行礼"(引自《说郛》)。

《辽史·礼志》对柴册仪也有详细的记载,全文如下:"柴册仪:择吉日。前期,置柴册殿及坛。坛之制,厚积薪,以木为三级坛,置其上。席百尺毡,龙文方茵。又置再生母后搜索之室。皇帝入再生室,行再生仪。毕,八部之叟前导后扈,左右扶翼皇帝册殿之东北隅。拜日，毕，乘马，选外戚之老者御。皇帝疾驰，仆，御者、从者以毡覆之。皇帝诣高阜地，大臣、诸部帅列仪仗，遥望以拜。皇帝遣使敕曰：'先帝升遐，有伯叔父兄在，当选贤者。冲人不德，何以为谋。'群臣对曰：'臣等以先帝厚恩，陛下明德，咸愿尽心，敢有他图。'皇帝令曰：'必从汝等所愿，我将信明赏罚。尔有功，陟而任之；尔有罪，黜而弃之。若听朕命，则当谂之。'佥曰：'唯帝命是从。'皇帝于所识之地，封土石以志之。遂行。拜先帝御容，宴飨群臣。翼日，皇帝出册殿，护卫太保扶翼升坛，奉七庙神主置龙文方茵。北、南府宰相率群臣圜立，各举毡边，赞祝讫。枢密使奉玉宝、玉册入，有司读册讫，枢密使称尊号以进，群臣三称'万岁'，皆拜。宰相、北南院大王、诸部帅进赭、白羊各一群。皇帝更衣，拜诸帝御容。遂宴群臣，赐赉各有差。"

上引《辽史·礼志》中关于柴册仪的一段文字，与《燕北录》大有径庭，但是我认为，两种记录都是可信的，兹将理由申述如下：每个契丹皇帝举行柴册仪通常不止一次，即位时固需举行，即位多年后亦可举行。而且，柴册仪与再生仪可同时举行。从圣宗起，开始吸收一些中原帝王即位仪式的成分。《辽史·礼志》所记的显然是这种有汉仪混杂在内的，在皇帝即位时与再生仪一并举行的柴册仪。而《燕北录》所记的则是大体保存了本来面目的，在皇帝即位多年后举行的柴册仪。

除了柴册仪之外，还有皇帝与臣僚易袍马弓矢为友，或刺臂为友等，也是军事民主主义时期的遗风。它们同柴册仪一样，也只是封建帝制的装饰品了。

二、辽朝的官制

1. 由简而繁，由繁而滥

从"事简职专"的部落联盟中脱胎而来的契丹贵族，骤然建立了一个境土广阔、民族复杂的国家，其统治经验是逐渐积累起来的，所以辽朝的官制经历了一个由简到繁的发展过程。

辽初官制比较简单，大抵因事设人，没有定型。自从太宗吞并了燕云地区，基于客观的需要，官制变得复杂了，官制汉化的程度也加深了。圣宗即位之初，在太后萧燕燕和丞相韩德让主持下，对官制作了某些改进，采取的措施主要有两项：统和六年 (988)，"诏开贡举"，此其一；统和十六年 (998)，"罢民输官俸，给自内帑"，此其二（《辽史·圣宗纪》）。这两项措施对健全辽朝的官制都起到了一定的作用：科举的实行，给汉族地主阶级开辟了一条参政的途径，也便于辽朝从汉族地主阶级中选拔适当的人才；革除民输官俸这个弊端丛生的旧规，可以减少官吏贪黩的机会，并略微减轻人民的负担。

兴宗以后，由于朝政吏治逐渐腐败，辽朝的官制进入由繁而滥的阶段。在辽末，为募军筹饷，至实行劝令富人进军、纳粟、献马补官之法，官爵大滥，这就暂且不说了。

2. 世选和科举

辽代契丹和奚的官僚，以世选为进入仕途的主要门径。与此不同的是，汉和渤海的官僚，在辽代前期尚无一定的出身除授之规，主要看社会地位，在辽代后期则主要以科举为进身之阶。这个界线并不十分严格，而且愈到后期愈不严格。例如，一方面，在汉和渤海的地主阶级中，也有个别显贵家族享有世选特权；另方面，在辽末也破例地出现了契丹贵族参加科举的事。但是，从一般情况来看，可以这样说：世选行之于契丹和奚的贵族，科举行之于汉和渤海的地主阶级。

"辽初功臣无世袭，而有世选之例。盖世袭则听其子孙自为承袭，世选则于其子孙内量才授之。兴宗诏，世选之官从各部耆旧择材能用之者也。"（《廿二史札记》卷二十七）辽代的世选制度，滥觞于大贺及遥辇时期契丹诸部酋长由部内显贵家族世选的古老传统，这种传统到辽代就成为贵族的封建特权了。实行世选的结果是，少数贵族垄断了多数重要官职，皇亲国戚把持朝政成为有辽一代的通例。一说，辽朝"秉国钧，握兵柄，节制诸部帐，非宗室、外戚不使"（《辽史·逆臣传论》）。这话虽然讲得绝对化了些，但确是少有例外的。皇族尤其居于优先地位，"百官择人，必先宗室"（《辽史·百官志》）。

世选是勋贵及亲贵的特权，但就各别勋贵及亲贵之家而言，其世选特权不是固定不移的。某个实行世选的官职，未必始终由某个贵族之家世选。例如，北府宰相初由后族世选，南府宰相初由皇族世选，后来，皇族可以被选任北府宰相，后族也可以被选任南府宰相了①。总之，世选制度是服从于契丹皇帝的专制权力的。

---

① 《辽史·百官志》谓皇族四帐世预北宰相府之选，国舅五帐世预南宰相府之选，同书《本纪》的有关记载适与《百官志》的记载相倒，据冯家升、罗继祖二先生考证，当以《本纪》为是，详见冯著《辽史初校》及罗著《辽史校勘记》。

　　世选制度确实曾经起到维护贵族统治权力的作用，但是它也加深了贵族与平民的对立，有时还扩大了贵族等级内部不同集团之间的矛盾。因此，当朝政还比较修明，掌权者们的头脑还比较清醒的时候，即当圣宗在位的时候，朝廷也曾经对享有世选特权的贵族稍加抑制，不让他们骄横过甚，以缓和贵族与平民的对抗。统和二十九年（1011），"以旧法，宰相、节度使世选之家子孙犯罪，徒杖如齐民，惟免黥面，诏自今但犯罪当黥，即准法同科"（《辽史·刑法志》）。同书《圣宗纪》则谓"诏帐族有罪，黥墨依诸部人例"）。太平六年（1026）又规定："其内族受赂，事发，与常人所犯同科。"（《辽史·圣宗纪》）这都是旨在缓和贵族与平民之间的对抗的措施，它所收到的效果是微小的、短暂的。到辽代后期，世选之家骄横愈甚了。

　　辽朝的科举，最初是专为汉人开设的，后来也允许渤海人应试。景宗保宁八年（976），诏复南京礼部贡院，这是在局部地区准备实行科举。至于正式开科取士，则是从圣宗统和六年（988）开始的。其制有乡、府、省三试，"乡中曰乡荐，府中曰府解，省中曰及第"。"程文分两科，曰诗赋，曰经义，魁各分焉。"当圣宗时，"止以词赋、法律取士，词赋为正科，法律为杂科"（《契丹国志·试士科制》）。这些办法毫无疑问是把中原地区的科举制度作为范本而制定的，不过稍微简单一些罢了。统和六年（988），放进士一人及第。此后直到统和二十三年（1005），每年及第进士一般只有二人至四人，最多不过六人。从统和二十四年（1006）起，进士人数猛增，每年都有几十人及第。

　　按照辽朝的规定，"医卜、屠贩、奴隶"之类的所谓"贱庶"是

"不得举进士"的(《辽史·兴宗纪》),这个规定露骨地显示了科举制度的阶级性。在辽代,那些有条件参加科举的人,几乎都是地主阶级分子。

3. 北面和南面——辽制和汉制

辽朝对内部各族一贯奉行"因俗而治"的方针,其官制有北面与南面也就是辽制与汉制的分别。"北面治宫帐、部族、属国之政,南面治汉人州县、租赋、军马之事。""以国制治契丹,以汉制待汉人。"(《辽史·百官志》)

辽初已经酌采汉制,参用汉人。太祖时,中央置三省,地方分州县,都设有汉官。神册六年(921)"诏正班爵",官制有了一个系统,但是辽制与汉制的分别还不像后来那么明确。当时另设汉儿司,以汉族大臣一人为总知汉儿司事,使掌汉人之事。太宗时,得燕云十六州,原封接收了当地的全套政权组织,汉族地主阶级的政治代表人物大量涌进辽朝的国家机关中,于是汉制完备起来,它与辽制的分别也比较明显了。

会同九年(946),辽军进占中原,颠覆后晋。虽然辽军盘踞中原的时间非常短促,辽朝没有达到统一中国的目的,但太宗在北撤时把中原王朝的一套官制带了回去。从此,辽朝公卿百官皆效中原,"皇帝与南班汉官用汉服,太后与北班契丹臣僚用国服"(《辽史·仪卫志》),确立了南北两套官制。

辽朝的南面官制大抵沿袭唐制,后来又兼采宋制,而略予变通。中央亦有三省、六部、台、院、寺、监、诸卫、东宫之官,地方亦设节度、观察、防御、团练、统军、招讨等使及刺史、县令。因为是杂采了几朝的制度，官号不免有点紊乱。如财赋官，上京置盐铁司，中京置度支司，东京置户部司，南京置三司，西京置计司，辽西、长春、平州各置钱帛司，山后置转运司，"置使虽殊，其实各分方域，董其出纳也"（《武溪集·契丹官仪》）。

北面官制与南面官制的区别，主要在北面部落以下和南面州县以下。至于南北两班朝官，其称号固互异，其职掌则多同。"北枢密视兵部，南枢密视吏部，北、南二王视户部，夷离毕视刑部，宣徽视工部，敌烈麻都视礼部，北、南府宰相总之。惕隐治宗族，林牙修文告，于越坐而论议以象公师。"（《辽史·百官志》。按，这段引文中的南北是指衙门的方位，所以北枢密和南枢密又称为北衙和南衙，这个南北与北面官、南面官的南北是两回事）

南面官不全是汉人，契丹人做南面官的也不少。反之，汉人做北面官的就比较罕见了。凡是做南面官的契丹人，也被称为汉官，并且也穿用汉服。辽朝选派契丹大臣分任南京留守和西京留守，对当地的汉官起监督作用。南京留守通常由皇弟或皇叔担任，镇抚幽燕，虽以备宋为名，实亦寓有防汉之意。可见，南北两套官制是有一定环节联结起来的。

此外，辽朝还酌情采用了渤海的旧制。例如：渤海设中台省，东丹亦设中台省；渤海分建五京，辽朝亦分建五京。

三、辽朝的法制

1. 辽律的特点

辽朝成立之前，契丹部落中已有"决狱官"，当时审理案件所依据的准则还只能是氏族和部落的传统和习惯。神册六年（921），辽太祖"诏大臣定治契丹及诸夷之法，汉人则断以律令"（《辽史·刑法志》），这时才有了成文法。

辽律是用严刑来保护私有财产的峻法，这个特点鲜明地表现在关于盗窃罪的一些规定上。例如，圣宗时规定："三犯窃盗者，黥额、徒三年；四则黥面处徒五年；至于五则死。"兴宗时改为："犯窃盗者，初刺右臂，再刺左，三刺颈之右，四刺左，至于五则处死。"所改的不过是黥刺的部位，而犯窃盗者当黥、五犯窃盗者处死的原则仍未变。如此处刑，不可谓不重。又如，先时规定，若窃盗赃满十贯，虽初犯，其为首者亦应处死。至开泰八年（1019），改以二十五贯为限。至咸雍六年（1070），又改以五十贯为限。一改再改，赃限虽有提高，也只五十贯，处刑仍不可谓不重。[①]

辽律也严格地维护等级和阶级的秩序，维护贵族等级和剥削阶级的利益。例如，统和二十四年（1006）规定："主非犯谋反大逆及流死罪者，其奴婢无得告首。"这是因为，奴婢没有独立的人格。"辽之世，同罪异论者盖多。"造成同罪异论的主要原因是贵贱异

①本段引文俱见《辽史·刑法志》。《能改斋漫录》卷十三谓："民为盗者，一犯文其腕为贼字，再犯文其臂，三犯文其肘，四犯文其肩，五犯则斩。"与《辽史》所记异。

法，同等的罪行，因犯罪人的身份、地位的不同，量刑轻重常有很大的出入。由于实行"八议"之法——即议亲、议贵等等，犯了罪的贵族往往可以减轻刑罚，甚至逍遥法外。例如，在圣宗时，"奚王筹宁杀无罪人李浩，所司议贵，请贷其罪，令出钱赡浩家，从之"，就此了事。对于犯了罪的贵族，执法者因受贿或惧事，常予以宽贷，这正如圣宗所承认的："夫小民犯罪，必不能动有司以达于朝，惟内族、外戚多恃恩行贿，以图苟免。"（筹宁杀李浩，事见《辽史·圣宗纪》，余见同书《刑法志》）

辽律还有一个特点，也需要把它指出来，那就是在某些方面的民族歧视。蕃汉相犯时，轻处蕃人，重处汉人。"蕃民殴汉人死者，偿以牛马，汉人则斩之，仍没其亲属为奴婢。"太后萧燕燕摄政时，为了调整民族关系，缓和蕃汉矛盾，改为"一以汉法论"（《续资治通鉴长编》卷七十二）。还有一个规例：契丹人犯法者由汉官禁勘，可能也是在她摄政时制定的。从辽代中叶起，对汉族人民的歧视较前减轻了些，但没有消失，在某些时候、某些地区、某些方面甚至有加重的现象，重熙十二年（1043）"禁关南汉民弓矢"（《辽史·兴宗纪》）就是一个例子。至于契丹人犯法者由汉官禁勘这个规例，则在兴宗时废止了，改为由新设的契丹警巡使禁勘（《辽史·重元传》）。

2. 蕃律和汉律

正如官制分为北面和南面两种，辽朝的法律也分为蕃汉二律。汉律施之于汉族，蕃律施之于契丹和其他民族。渤海人初依蕃律，至太宗时改依汉律。"凡四姓（按系指契丹、奚、渤海、

汉）相犯，皆用汉法；本类自相犯者，用本国法。"(《武溪集·契丹官仪》)

　　辽初的汉律大概是沿用了唐律，不曾另行制定。统和元年（983），"枢密请诏北府司徒颇德译南京所进律文，从之"(《辽史·圣宗纪》)，可见汉律是由汉官拟订的，以南京地区通行的律例为准。汉律的篇目和条数已失考。辽朝中叶以后，对于汉人的案件，大体以宋律为准。圣宗"诏汉儿公事皆须体问南朝法度行事，不得造次举止"(《契丹国志·圣宗天辅皇帝》)。宋律的精神和基本规定是从唐律一脉相承下来的，所以辽代的汉律也一直没有违离唐律。

　　蕃律起先比较简略，自辽初制订后，在圣宗时修订过一次（《辽史·萧德传》)，在兴宗时增订为五百四十七条，至道宗时又一再增修，累至千余条。道宗大安五年（1089），以新定法令太烦，复行旧法。这个旧法，若非兴宗时的五百四十七条，即为道宗时经初次增修后汇总的七百八十九条。蕃律虽自成一体，它的具体规定虽与汉律有些出入，但它的基本精神是同汉律一致的。统和十二年（994），"诏契丹人犯十恶，亦断以律"(《辽史·刑法志》)，这是蕃律开始向汉律看齐的表现。既称十恶，并断以律，可知辽律的十恶之罪与唐律的十恶之罪如果不是完全相同，至少也是大体相同的。同时已经实行的八议之法，也与唐律类同。后来，蕃律大量吸收了汉律的条例。道宗时更定蕃律"凡合于律令者，具载之；其不合者，别存之"(《辽史·刑法志》)。汇总为七百八十九条，其中有一百七十三条取自汉律。辽代的若干法令，如主非犯谋反大逆其奴婢无得告首，以及主不得擅杀无罪奴婢等，是蕃汉二律通用的，和唐律中有关的条款也是相同的。辽代蕃汉二律逐步走向统一的趋势，以及辽律和唐律的共同点，反映着辽代契丹社会封建化和法制汉化的历史现实。

四、辽朝的兵制

对于生活在部落联盟时期的契丹人民来说，从军既是义务，也是权利，既为了部落整体，也为了融合在整体中的个人，总之是一种天职。当时，几乎所有成年男子都是战士。到辽代，这种部落的全民武装被阶级的武装所替代，从军也就变成了一种纯粹的义务和苦役。

辽代契丹的兵制始终保持着鲜明的民族特点，部落仍然是军事组织的一个重要基础。某些古老的传统，如成年男子皆可被籍为军，以及装备由兵士自筹等，也保留了下来。但是，这些传统被利用来为封建统治阶级服务，这种军队已转化为封建统治阶级借以实行对内镇压和对外侵略的工具了。

辽法，男丁皆有应征从军的义务。"凡民年十五以上，五十以下，隶兵籍。"（《辽史·兵卫志》）军队本身是按阶级原则组织起来的，有正军和家丁之分。奴隶和某些部曲只能当家丁，不能充正军。"每正军一名，马三匹，打草谷、守营铺家丁各一人。"（《辽史·兵卫志》）晚期，因人民逃避兵役，乃兼行募兵之法。清宁四年（1058），"募天德、镇武、东胜等处勇捷者，籍为军"（《辽史·道宗纪》），这是在征兵之外兼用募兵的开端。末年与女真战，强征之军多溃散，兵源愈见不足，于是大力募兵，甚至令豪强献军，这时兵制就完全败坏了。

辽军的骨干是由皇帝直接调遣的禁军，而“御帐亲军”又是禁军的主干。辽太祖选诸部豪健者，置亲军二千（一说千余），号为“腹心部”。契丹语“腹心”谓之“算”，辽太祖的宏义宫就叫“算斡鲁朵”。辽初佐命之臣多在腹心部中，各有所拟，如以耶律曷鲁为心，以萧敌鲁为手，以萧阿古只为耳，此三人“偕总宿卫”（《辽史·萧敌鲁传》）。腹心部的创立是在酋长亲兵的基础上设置常备军的开端。尔后腹心部兵员大为扩充，辽太宗“益选天下精甲”，改组为皮室军，有三万骑，“皮室”义为“金刚”。先是，辽太祖述律皇后“摘蕃汉精锐”，置属珊军，有二万骑，“属珊”义为“珍宝”。（《辽史·兵卫志》谓皮室军有三十万骑，属珊军有二十万骑，夸大失实。此从《宋会要辑稿·蕃夷》。亦可参考《北京大学学报》1956年第2期邝又铭文）契丹皇室把皮室军和属珊军视为“部落根本”，其倚重如此。在述律皇后去世后，属珊军大概被撤销或被改编了，从此再没有见到它的名称出现。皮室军则始终是辽军的主力，编制庞大，分南、北、左、右、黄五部。太宗时，与皮室军、属珊军类似的还有拽剌、墨离二军。“拽剌”意为“巡警者”（《武溪集·契丹官仪》），或解作“走卒”（《辽史·百官志》），而“算”亦可称为“腹心拽剌”（《辽史·国语解》），可见拽剌军也是由腹心部演化而来的禁军。墨离应即抹里之异译，是宫卫统辖的一种行政区域，置官名闸撒狘，“亦掌宫卫之禁”（《辽史·国语解》），以是知墨离军为诸宫禁军。墨离军在《辽史》上只一见（《辽史·太宗纪》：天显三年（928年），太宗"阅皮室、拽剌、墨离军"），后来大概也像属珊军那样被撤销或改编了。至于拽剌军，则仍保持着御帐亲军的地位。如大康六年（1080），道宗"为皇孙梁王延禧（即天祚帝）设旗鼓拽剌六人卫护之"（《辽史·道宗纪》）。拽剌军的编制也较大，分旗鼓拽剌、干拽剌、猛拽剌三部。

汉人禁军即控鹤、羽林、龙虎、神武、神策、神威六军，是从汉军中精选出来的。在契丹统治集团眼中，汉人禁军究竟还不是"部族根本"，所以不如契丹禁军那样见重。

除禁军外，辽朝还有部族军、宫分军、群牧军、舍利军、亲王大臣军、京州军及属国军。部族军以部落为单位，包括契丹诸部之军、奚军、渤海军及其他内附部落之军。契丹诸部分地以牧，其军分驻襟要之地，起着环守腹地和拱卫国都的作用。奚军、渤海军和其他内附部落之军，一般也有防区，但不固定。奚、渤海二军兵员较多，分别由朝廷选派奚、渤海的大将率领。在其他内附部落中，由室韦降人组成的大小鹘军亦以劲锐见称。诸宫之丁除了选充禁军之外，有时也按宫别各自组成部队从征，但较少见。群牧军兵员不多，也不常出征，其主要任务是卫护群牧免受邻部劫掠。舍利军由贵族子弟组成，战斗力似乎不很强。亲王大臣军是由亲王大臣的部曲组成的。"辽亲王大臣，体国如家，征伐之际，往往置私甲以从王事，大者千余骑，小者数百人，著籍皇府。国有戎政，量借三五千骑，常留余兵为部族根本。"（《辽史·兵卫志》）这种私甲，性质与中原地区的"奴兵"相似，虽然受到史臣的盛言赞誉，其实并不真那么重要，而且有时会变成权臣用来实现阴谋的工具。京州军主要是由汉族乡丁组成的，兵员虽多，并非主力。至于所谓属国军，是境外附庸部落的军队，时而为友，时而为敌，难得听从辽朝调遣。

辽朝还有一种名称特别的军队——纠军。"纠"是契丹字，《辽史》讹写为"糺"。

关于"纠"字的涵义和纠军的由来，众说不一，未有定论。有关的史料可以证明，纠军是东北路和西北路的边防军的泛称，纠户是这些地方的屯垦户的泛称，纠将是边防军的将领，而纠主、纠首则是管领屯垦户的官长。纠军设置甚早，辽初就有了，以后随着边境的展拓而逐渐增多（可参考陈述《纠军史实论证》）。

辽朝以枢密使主兵事，而惯例又以皇子、皇弟为天下兵马大元帅，总领诸军。契丹皇室在军事上的直接指挥权，是它的经济统治权的反映，也是它的政治统治权的延长。

契丹军队的装备，初由兵士自行置办。"人铁甲九事，马鞯辔，马甲皮铁，视其力；弓四，箭四百，长短枪、镋鿇、斧钺、小旗、锤锥、火刀石、马盂、秒一斗、秒袋、搭钀伞各一，縻马绳二百尺，皆自备。"（《辽史·兵卫志》）后改为由国家供给一部分，究其缘故，无非是因为许多兵士因家境贫困而无力负担这笔可观的装备费用了。国家供给装备是有一定条件的："将战，则选兵为三等：骑射最精者给十分衣甲，处阵后；次给五分，居中；下则不给，处于前行。"按司马光的评价，这是一种"简要可尚"之法，因为这样一来，"未尝教阅而皆习骑射"（《能改斋漫录》，转引自《辽史纪事本末》卷十）。其实，这个办法的施行是辽代后期一般部民经济情况恶化和军力由强转弱的标志。

契丹素擅骑射，他们的军队都是骑兵。骑兵利于平原浅草，因此，五代和宋初的河北平原，当入冬后，草木零落，田野空旷，就成为契丹骑兵纵横驰骤的大好场所了。骑兵不便于在水乡活动。辽朝禁止南京军行要地决水种稻，就是为着骑兵活动的便利。宋朝针对辽军的这个特点，在西起保州、东至泥姑海口一线，沟通淀泊，筑堤壅水，曲折延伸几八百里，以阻契丹骑兵，谓之"以水泉而作固"。契丹行军时，对斥堠及营寨都相当重视。侦骑远出，情报和命令传递很快。营寨布置比较严密，如太宗围后唐张敬达军于晋安时，"穹庐连属如冈阜，四面亘以毛索，挂铃为警，纵犬往来"(《新五代史》卷三十三)。辽朝的汉军则以步兵为主(奚军也"少马多步"(《宋会要辑稿·蕃夷》))，行动不如契丹骑兵迅捷，但长于击刺和使用劲弩、飞炮，所以弩军和炮军都是汉兵。辽国没有水军，对西夏作战时偶而使用船只，对宋作战时曾使用水陆两用的船只。

辽军一向因粮于敌，谓之"打草谷"。"人马不给粮草，日遣打草谷骑四出抄掠以供之。"(《辽史·兵卫志》)这样做，虽然减轻了后方供应的负担，可是也增大了前方所受的阻力，因为打草谷必然激起敌方人民的反抗，极易使辽军陷于孤立无援的境地。辽太宗撤离中原后，承认有"三失"，打草谷居其一。

五、辽朝的文化和科学

正如在经济上包罗着社会发展水平较高的汉区，并且把大量汉人吸收进契丹社会中来，在政治上容纳了与蕃制平行的汉制，而且蕃制有逐渐汉化的趋向，契丹在文化上也受到汉族深而且广的影响。这种影响，在某些方面表现为直接的引用，在另一些方面则表现为把汉族的文化成就作为借鉴，适应着自己民族的社会历史条件进行创造，获得了具有民族和地方特色的成果。

创制契丹文是契丹文化史上有划时代意义的事件，它也为尔后西夏文和女真文的创制提供了先例和成功的经验。契丹文有大字、小字两种。大字在神册五年（920）制成，出力最多的是突吕不。据说："汉人教之以隶书之半增损之，作文字数千，以代刻木之约。"（《新五代史·四夷附录》。又《契丹国志》谓契丹文有三千余字）稍后数年，小字问世，它是辽太祖之弟迭剌制成的，有"数少而该贯"的特点（《辽史·皇子表》）。据说，迭剌是仿照回鹘文创造契丹小字的，或许确有其事，但从笔划和字体上看，小字显然也受汉字的影响。

契丹文不只是辽朝官方通用的文字，它在民间——主要是在贵族等级中也是一种交际工具。今存的辽代遗物，写着契丹字的，不但有帝后的哀册、贵族的墓志和官员的印章，也有镜、匕等生活用具。如1956年出土的辽代银匕一件，柄背刻着九个契丹字。

金初仍采用契丹文，在女真文创制成功后，契丹文还被沿用了一个时期，而且国史院曾专写契丹字。直到明昌二年（1191），金朝才正式废止使用契丹字。这时距辽亡已有六十六年了。从此以后，契丹文既不见用，就渐渐失传了。在二十世纪二十年代以前，世人所知的契丹字只有散见于《燕北录》《书史会要》和印、镜、符、牌、玉筶等遗物上的几个。陕西乾陵曾经发现一块金天会十二年（1134）立的《大金皇弟都统经略郎君行记》碑，上面刻的实在是契丹字，因不可解，清人王昶误断为女真字。1922年庆陵出土了汉、契丹两种文字对照的帝后哀册，这才使人们见识了契丹文的真面目。近四十年来，特别是在中华人民共和国成立后的十多年中，陆续有一些契丹文的墓志出土。其中最引人注意的是1951年间在锦西西孤山出土的辽静江军节度使萧孝忠的墓志，字体与哀册文迥异，笔划稍简，重复字数较多，研究者多认为就是"数少而该贯"的小字，但也有人以为它是契丹大字而哀册文却是小字。对以上两种相反的意见，目前还不能遽断是非。必须作更广泛、更细致的比较研究，才能揭破这个大字与小字之谜。

汉文也是辽朝通用的一种文字，它的通行程度实在驾乎契丹文之上。官方兼用汉文和契丹文。辽陵的哀册和其他地方发现的某些辽代墓志，用汉、契丹两种文字对照写刻。至于士人研习的经书和科场考试的程文，更不必说都是汉文。就连契丹文学家的诗文集，大多也是用汉文写的。

辽朝从中原输入了许多汉文书。宋使归宋后上书说："本朝民间开版印行文字，臣等窃料北界无所不有。"（《栾城集》卷四十二）私贩在这件事情上是有功劳的，因为宋朝为了保守"机密"，根本不许书籍出境，只有私贩能设法突破官方的封锁，为辽宋之间的文化交流打开一条通道。辽朝也翻刻了一些汉文名著，经朝廷下诏颁行的有《史记》和《汉书》等，民间翻刻的更多。但是辽朝为了防止不利于封建统治的异端流行，实行文化统制，曾禁止民间刻印文字，例如在清宁十年（1064）"禁民私刊印文字"（《辽史·道宗纪》）。有些汉文名著被翻译为契丹文，如圣宗翻译了白居易的诗集，萧韩家奴翻译了《通历》和《贞观政要》。

辽人的著作多数已经失传, 这是很可惋惜的事。

统和间, 燕僧行均编《龙龛手鉴》, 以平上去入为次, 各部复用四声列之, 凡26430余字, 注163170余字, 蔚为巨著。

儒家的学说深受契丹人士欢迎。契丹统治阶级根据中国自汉代以来的经验, 懂得儒学是维护封建统治的理论支柱, 故极力加以提创。"太祖问侍臣曰: '受命之君, 当事天敬神。有大功德者, 朕欲祀之, 何先? '皆以佛对。太祖曰: '佛非中国教。'倍 (太祖长子) 曰: '孔子大圣, 万世所尊, 宜先。'太祖大悦, 即建孔子庙, 诏皇太子春秋释奠。"(《辽史·義宗倍传》) 尔后诸帝都曾亲谒孔庙, 圣宗又曾令诸州修缮孔庙。南京设太学, 统和十三年 (995) "以南京太学生员浸多, 特赐水磑庄一区"(《辽史·圣宗纪》)。到清宁二年 (1056), 上京也设了学校, 是年, "诏设学养士, 颁"五经"传疏, 置博士、助教各一员"(《辽史·道宗纪》)。契丹的贵族, 包括帝王在内, 很有些人喜好并通晓儒术。辽朝一贯不许契丹人参加科举, 用意是要使契丹人保持劲悍善斗的习性, 但是, 到辽末, 竟也破例录取了契丹进士。后来创立西辽的耶律大石, 就是进士出身的。

丰富灿烂的汉族文学艺术, 更受到契丹这个边疆民族人士的广泛爱好。汉族的诗人, 其作品在辽朝传诵最广的, 当推白居易和苏轼。东丹王是白居易的崇拜者, 圣宗对白居易也异常推崇。苏轼的文名倾动辽朝, 他的《眉山集》问世不久, 在辽朝就有了翻刻本。其弟苏辙使辽时, 寄诗与乃兄, 有曰: "谁将家集过幽都, 每被行人问大苏。"(《苕溪渔隐丛话》) 苏轼自己也说: "虏亦喜吾诗, 可怪也! "(《东坡题跋》) 有些契丹画家纯熟地掌握了中国画的技法，凭借自己的生活体验进行创作，收到了独辟蹊径的成果。他们的绘画题材类皆取自贵族的游猎生活。对驰马逐猎的喜好，使契丹画家多以画马和鹿见长。东丹王和胡瓌是两个已有定评的辽代著名画家，都善画马。一说："王得马骨，瓌得马肉。"（《五代名画补遗》）可惜，东丹王的作品或许已经失传了。有一幅《人骑图》，宋高宗题着"世传东丹王是也"，据某些研究者考鉴，未必是东丹王的真迹。胡瓌的传世作品有《卓歇图》，描写契丹贵族和他们的随从出行暂歇的场面。此外，世宗、圣宗、兴宗、萧融和耶律褕履等，也以善丹青见称于史。还有汉族画家吴九洲，工于画鹿。辽朝在云岗大兴土木，修整造像1876尊，部分施加彩饰。（参考《北京大学学报》1956年第1期宿白文）赤峰的灵峰院千佛洞，是辽代创建、金代重修的一所石窟寺，今已废，只残存石刻佛象一躯（见《文物参考数据》1957年第10期李逸友文）。辽朝的音乐有国乐和汉乐，国乐是契丹音乐，汉乐是中原传去的，朝廷宴享兼用国乐和汉乐。

辽朝采用中原的历法。"大同元年（947），太宗皇帝自晋汴京收百司僚属、伎术、历象，迁于中京，辽始有历。"（《辽史·历象志》）那次传去的是乙未元历。后来，在圣宗时，又引进了大明历。

汉族的医学也流传到契丹地区，为契丹人民所广泛应用。契丹人耶律庶成和吐谷浑人直鲁古对推广汉族先进的医学曾做出一定贡献。"初，契丹医人鲜知切脉审药，上（兴宗）命庶成译方脉书行之，自是人皆通习，虽诸部族亦知医事。"（《辽史·耶律庶成传》）直鲁古也精通医道，曾撰脉诀针灸书行世。

辽代文学艺术和科学技术的成就，自然不能与五代、北宋并趋争先，原因是它借以发展的社会历史基础远不如五代、北宋那么丰厚。燕云地区的文化本来就比中原地区较为不发达，加以几经战乱，受到极为严重的破坏，一时不但不能发展，甚至还倒退了。在辽宋议和之后，燕云地区的经济、文化得以逐渐恢复，但是，由于辽宋终究是彼此戒备的两个政权，相互往来受着限制，这就人为地削弱了燕云地区与中原文化中心的联系，减缓了它的文化发展的速度。契丹民族则受着游牧生活的约束，受着边远的环境的限制，在辽朝统治的两个世纪中，虽然吸收了不少汉族文化的因素，并且取得了像创造契丹文这样重大的成就，但还来不及使自己的文化达到灿烂的高峰。这是历史的局限。但就长城以北而言，应该肯定辽代的文化成就是前所未有的。

六、契丹和其他民族的宗教迷信

　　契丹的原始宗教迷信（萨满教）在辽代仍保持着它在人们心理上的权威，它的影响广被于社会生活的各个方面，原因是它所从产生的社会条件——游牧民族的社会条件依然存在。但是，随着阶级结构的形成，封建关系的发展和王权的确立，它也相应地起了一些变化。

　　这种原始宗教迷信的主要内容是对自然力和自然物的崇拜，这种崇拜已局部地发展到对操纵某些自然力和自然物的人格化的神灵的崇拜。天神和地祇是占着最高地位的两个神。地祇即青牛妪，一个驾青牛乘小车的妇人；天神大概是《辽史》偶一提及的白马神, 应为骑白马的男子(陈述先生以为白马神即天神, 见所著《契丹史论证稿》)。契丹人崇拜太阳和月亮, 对太阳的崇拜尤其突出。因此, 祀天和拜日就成了最频繁也最隆重的宗教仪式。还有猎神, 称为麃鹿神。"辽俗好射麃鹿, 每出猎, 必祭其神, 以祈多获。"(《辽史·国语解》)麃鹿神的资历可能比白马神及青牛姬更老, 但在狩猎转为次要的生产部门之后, 他就退居次要地位了。风雨雷电和名山大川, 在契丹人看来, 也都有神灵在冥冥中操纵。为了取得这些神灵的好感, 乞求他们的恩惠, 也要举行种种仪式, 如祭风、祈雨和分祭各地名山大川等。这些朴素的迷信, 明显地反映着畜牧和狩猎生产对自然条件尤其是对气候条件的依赖性, 后来也曲折地反映了在当时历史条件下阶级剥削制度的不可避免性, 透露出人们对不能理解和无力驾驭的自然力和社会力的畏惧心理, 以及解脱无情的自然灾害和社会灾难的愿望。

建立了封建国家之后, 对天地日月的崇拜获得了新的意义, 把它们和封建王权拉上了关系。辽太祖号天皇王, 其妻述律氏号地皇后, 这就使人间的君主和天上的君主联为一体了, 使王权神化了。所谓日月宫、日月碑、日月旗等, 都是皇家的东西, 日月成了王权的标志。旧有的迷信, 到这时已变了质, 成为维护封建专制统治的工具了。

灵魂不灭也是契丹人的一种信仰。契丹人深信人在死后也要像生前那样生活, 因而有各种各样的随葬物。在奴隶制有了一定程度发展之后, 又产生了人殉。辽太祖墓旁筑有明殿, 置明殿大学士。每逢节庆或出征、凯旋等重大事件, 皇帝举行告庙仪式, 明殿大学士为已故的辽太祖草拟诏书, 开头写着"报儿皇帝"云云。

这里已经羼入了汉族迷信的成分。

生活在迷信精灵的世界里，就不免要受到种种禁忌的约束。遵守各种禁忌，这是消极的应付方法。例如，军行之际，忌道见僧尼及丧服之人，忌遇日蚀，凡此都以为不吉。也有积极的对付方法，即巫术。巫觋被认为是神人之间的使者，有驱辟邪祟的魔力。巫觋施法时常用的一种手段是杀狗。辽太宗入汴梁后，头一件事就是磔犬以为魇禳。狗在农业民族中也是一种重要的家畜，并成为随葬的伴侣，如我国古代墓葬的腰坑中常发现有狗的尸骨。在游牧民族中，狗尤其重要，是放牧和狩猎的助手，磔犬以制邪的起源可能就在这里。庆陵有木狗出土，其作用或许同汉族墓葬中的镇墓兽相似。

为了探测神意，预料吉凶，就有占卜。契丹流行骨卜，例如："行军不择日，用艾和马粪，于白羊琵琶骨下灸之，灸破便出行，灸不破便不出。"（《辽史拾遗》引《燕北杂记》）

辽朝也流行佛教和道教。神册三年（918），"诏建孔子庙、佛寺、道观"（《辽史·太祖纪》），可见契丹统治阶级对儒、佛、道三者一开始就采取了兼收并蓄的态度。历朝的经验使他们懂得，儒、佛、道都是对人民实行精神统治的有效工具。

辽朝流行的佛教主要是真言宗，其次为禅宗。真言宗在中原地区也曾经是最大的佛教流派之一，它和契丹的原始迷信比较容易合拍。阿保机为夷离堇之二年（902），建开教寺于龙化州；即可汗位之六年（912），建天雄寺于皇都。这是契丹创建佛寺的开端。辽中叶以后，贵族和官僚优游岁月，"纵酒作乐，无有虚日"（《契丹国志·圣宗天辅皇帝》），生活糜烂，精神空虚，就更耽于佛说了。许多人民因为处在困苦的境遇中无从解脱，也为宗教思想所麻醉。加上皇室极力提倡，佞佛之风就日见其盛了。圣宗曾多次游幸佛寺。太后萧燕燕"每岁正月辄不食荤茹，大修斋会及造寺"（《宋会要辑稿·蕃夷》）。兴宗"尤重浮屠法"（《契丹国志·兴宗文成皇帝》），亲往佛寺受戒，并命皇子梁王召僧讲论佛法。道宗也"好佛法，能自讲其书。每夏季，辄会诸京僧徒及其群臣，执经亲讲。所在修盖寺院，度僧甚众"（《栾城集》卷四十二）。咸雍七年（1071），又置佛骨于招仙浮图。上行则下效，由于朝廷提倡佛教，优礼僧徒，贵族歙然从风，"多舍男女为僧尼"（《契丹国志·兴宗文成皇帝》）。南京民间有称为"千人邑""念佛邑""塔灯邑"的宗教结社，"施有定例，纳有常期，贮于库司，补兹寺缺"（《云居寺碑记》，引自《辽文汇》）。遗留至今的许多辽代石幢，也可说明当时佛教影响的普遍。

　　道教的影响和势力比佛教小些，但它也受到契丹统治阶级欢迎。圣宗对"道释二教，皆洞其旨"（《契丹国志·圣宗天辅皇帝》）。其弟齐国王隆裕"自少时慕道，见道士则喜。后为东京留守，崇建宫观，备极辉丽，东西两廊，中建正殿，接连数百间。又别置道院，延接道流，诵经宣醮"（《契丹国志》卷十四《诸王传》）。兴宗"常夜宴，……命后妃易衣为女道士"，道士王纲、姚景熙、冯立等，皆获宠幸，并授官爵（《契丹国志·兴宗天辅皇帝》）。

　　鞍山的辽墓中有瓦制十字形明器出土，上京遗址有十字形炼饰出土，似乎表明辽朝也有景教的信徒。限于证据不足，目前对这个问题还不能作出肯定的结论。

第六章

辽朝的衰亡

一、辽代后期的形势

1. 由盛转衰的经济形势，阶级对抗的加剧

统治着辽朝的皇室、贵族和官僚都是大土地占有者，他们得到朝廷给予的种种优待，势力不断伸张，占有的庄园和牧场不断扩大。身为小土地占有者和小畜群占有者的农牧民，在大土地占有者的蚕食鲸吞下，在代表大土地占有者利益的国家的压榨下，境况渐渐恶化。至于直接受着大土地占有者奴役的农牧民，即宫户和部曲等，生存条件自然比上述自耕自牧的农牧民更要差些。

由于社会内部存在着高下悬殊的阶级差别，所以即使在国内形势较好甚至最好的时候，下层的平民仍不能脱出困境。这是官方也承认的事实，例如，统和三年（985），"枢密奏，契丹诸役户多困乏"（《辽史·圣宗纪》）。朝廷处处维护贵族的利益，而且非至不得已时也不愿过多地触犯上层的平民，因此中层以下平民的负担无从减轻。统和十三年（995），"北、南、乙室三府请括富民马以备军需"，朝廷"不许"，命"给以官马"（《辽史·圣宗纪》）。走投无路的下层平民用隐瞒户口的办法来逃避赋役，朝廷则经常检括户口，防止隐漏，这是一场阶级斗争。隐户是不是获得了自由呢？没有。他们的归宿是变成依附于豪强的部曲。在当时的社会里，劳动人民还不容易找到一条走出封建奴役罗网的道路，还只能从这一种形式的封建奴役关系转到另一种形式的封建奴役关系中去。部曲虽然要向庄主交纳比官租更重的私租，但可以免除杂税、杂徭和兵役，因此在苦于无力承担国家赋役的下层农民中，愿为部曲者

大有人在。部曲的增多，使土地占有愈加集中，从而加深了领主、地主阶级与农民阶级的矛盾。同时，它也加剧了统治阶级内部的矛盾，因为，这些部曲是从籍隶州县的官户转化过来的，朝廷决不会坐视这些官户变成私家的部曲，必定要大肆检括，地方豪强则必定要抵抗朝廷的检括，于是双方为争夺奴役对象而展开了斗争。圣宗时，曾经多次检括隐户，例如：统和十三年（995），诏"诸道民户应历以来胁从为部曲者，仍籍州县"；十五年，诏"通括官分人户"；二十一年，诏"通括南院部民"。（俱见《辽史·圣宗纪》）经过检括，确实夺回了不少官户。开泰二年（1013），"诏从上京请，以韩斌所括赡国、挞鲁河、奉、豪等州户二万五千四百有奇，置长霸、兴仁、保和等十县"（《辽史·圣宗纪》）。此外，还有隰州、惠和县及奉陵县，是以宫分隐户（落帐户）设置的。

　　十一世纪三十年代，辽朝社会经济正继续上升并逐渐繁荣，可是下层人民的境况未获改善。当时彰愍宫使萧韩家奴对兴宗说："比年以来，群黎凋弊，利于剽窃，良民往往化为凶暴，甚者杀人无忌，至有亡命山泽，基乱首祸。"（《辽史·萧韩家奴传》）萧韩家奴这个人，作为辽朝统治阶级的谋士，头脑算是比较清醒的。他对兴宗讲的一席话，暴露了当时辽朝局势中阴暗的一面。

　　十一世纪五十年代（即兴宗晚年和道宗初年）是辽朝社会经济的极盛时期，加上边境平静，天灾较少，一般平民勉能糊口。但是由于社会矛盾已相当尖锐，外表的繁荣建立在脆弱的基础之上，经不起重大的震动。所以从六十年代起，内有多年的灾荒，外有阻卜的反抗，辽朝就盛极而衰了。这时隐户数量激增，朝廷不得不用大力来检括隐户。咸雍（1065—1074）间，"朝廷遣使括三京隐户，不得，以引吉代之，得数千余户"（《辽史·耶律引吉传》）。括而不得的原因，无疑是豪强的抵抗，以致官吏不敢下手，不愿下手，或竟与豪强串通一气了。

先是，在兴宗时，朝政已经开始败坏。封建统治阶级的糜烂生活和骄惰习气，腐蚀了国家。兴宗初嗣位，由太后萧氏执政，"后家奴隶，咸无劳绩，皆授防、团、节度使，至于出入宫掖，诋慢朝臣，卖官鬻爵，残毒番汉。自是幽燕无行之徒愿没身为奴者众矣！……临朝凡四年，兴宗方幽而废之"（《契丹国志·后妃传》）。兴宗废太后，并非出于对腐败政治的不满，而是因为"诸舅满朝，权势灼奕"，皇族的权益受到损害，兴宗本人也形同傀儡，经过皇族大臣密谋布置，才出此一举的。这仅仅是一场皇族与后族之争，事过之后，政治腐败如旧。兴宗和皇弟重元赌博，竟把城邑人民作赌注，接连输掉了几个城。即此一端，就可概见他的昏庸之状了。只是由于当时国力还充沛，才没有崩溃。道宗的昏昧不在兴宗之下，初期还想稍有作为，后期就荒唐之至了。"用人不能自择，令各掷骰子，以采胜者官之。俨（耶律俨）尝得胜采，上曰'上相之征也'，迁知枢密院事。"（《辽史·耶律俨传》）官吏胡作非为，贪赃枉法，放债营商，恣意役使管内人民。鹰坊也以"罗毕"（狩猎）为名，敲榨百姓，扰害田里。朝廷间或申令禁止官吏违法乱纪，收效是极小的[1]。宋朝的使臣说，当时辽朝"法令不明，受赇鬻狱，习以为常"（《栾城集》卷四十二），不是夸大之辞。这样的一帮君臣，当然只

---

[1]例如：清宁三年"禁职官于部内假贷、贸易"，大康九年"禁外官部内贷钱取息"。（皆见《辽史·道宗纪》）禁了又禁，恰恰说明禁而无效。

能加速社会局势的恶化。例如，大康元年（1075），南京道饥，而知
三司使事韩操却以"钱谷增羡"，而正授三司使。百姓吃不上饭，
同时税官却因长于聚敛而晋级了。大康七年（1081），辽朝宣布
取消不准官商出售短狭不合规格的绢布的禁令①，这是迫于财
政困难，公然允许官商不择手段地牟取暴利了。

　　十一世纪末叶，即当道宗晚年，辽朝农村形势急剧恶化。这
时，户口隐漏现象越发严重了。隐户有多少呢？我们可以从下面的
一条记载中窥见其大概。南京三司度支判官马人望"检括户口，未
两旬而毕，同知留守萧保先怪而问之，人望曰：'民产若括之无遗，
他日必长厚敛之弊，大率十得六七足矣。'"（《辽史·马人望传》）由
此可知，南京地区竟有十之三四是隐户。朝廷在检括户口时，虽使
用了严刑重典，仍无济于事，反而激起人民更加强烈的不满和抵
抗。大康九年（1083），道宗不得不下诏宣布，"诸路检括脱户，罪
至死者，原之"（《辽史·道宗纪》），放宽了处治的尺度。

　　除了户口隐漏之外，还有一个突出的问题是人口流散。破了产
的农民纷纷逃亡，人数与时俱增。隐户并不脱离生产，逃户则游食
他乡，因此逃户问题比隐户问题更棘手，它的后果也更严重。朝廷
为了保证税入，把逃户的租税强加在其他农民的名分上，就是实行
封建王朝惯用的摊逃之法。这样一来，就必然使其他农民也加速
破产。大安三年（1087年），"民多流散"，朝廷迫于事势，"除安泊

---

① 圣宗统和三年，"禁行在市易布帛不中尺度者"（《辽史·圣宗纪》。同书《食货
　志》亦谓"令有司谕诸行宫，布帛短狭不中尺度者，不鬻于市"）道宗咸雍七年，复
　"禁布帛短狭不中尺度者"。大康七年，始"除帛绢尺度狭短之令"。（《辽史·道宗
　纪》）

逃户征偿法"。大安四年，朝廷再作让步，免除上京逃户和贫户的税赋，赦免部分役徒，其终身任役者五岁免之，并且，"以上京、南京饥，许良人自鬻"（《辽史·道宗纪》）。可见，这时辽朝统治阶级已经手忙脚乱，别无长策了。此后，农村情况一度略为缓和，可是没有转好。寿昌二年（1096），庆陵所在之处——号称富庶的庆州，也发生了民户逃亡事件（《孟有孚墓志》）。

辽朝还采取过一些赈济措施，例如：咸雍八年（1072），"赐延昌宫贫户钱"；大康七年（1081），"诏岁出官钱，振诸宫分及边戍贫户"；大安二年（1086），"赐兴圣、积庆二宫贫民钱"；大安三年，"出杂帛赐兴圣宫贫民"；寿昌元年（1095），"赐左、右二皮室贫民"；寿昌二年，"振西北边军"；寿昌五年，"振南北二幻"；寿昌六年，"出绢赐五院贫民"。（俱见《辽史·道宗纪》）总之，赈济的对象主要是宫户和军队，赈济的目的则显而易见是利用小恩小惠来缓和人民对朝廷的敌对情绪，维护皇室的经济支柱和武力支柱。这种零星的、局部的赈济措施毫不触动当时的阶级关系，所以无助于解决当时的社会问题。

2. 民族关系的一般情况

辽的境内有多种民族和部落，这些民族和部落在经济、语言、风俗和文化传统等方面都有显著的差异。一方面，它兼擅农牧之富，山海之利，可以兼采各族之所长，兼用农业民族先进的经济、文化和游牧民族骠悍的武力，这是它顺利发展的较好条件；另一方面辽朝之所以弱，亦在于此，因为它在经济和其他方面缺乏统一性和稳固性，在不利的情势下容易分崩离析。

由于辽朝不是单独由契丹贵族专政的国家，而是以契丹贵族为主，并联合汉族豪强地主以及奚、渤海的世家大族而组成的封建国家，所以内部的主要矛盾不是民族矛盾，而是阶级矛盾，具体说来，就是国家与官户的矛盾，皇室与官户的矛盾，以及领主、地主与部曲和其他农民的矛盾等。民族矛盾是阶级矛盾在民族关系上的表现。辽朝为自身的安危着想，从圣宗起比较注意协调内部的民族关系。辽朝一贯奉行"因俗而治"的方针，官分北南，法分蕃汉，而北边的附属部落则大多仍保存着故有的部落组织。所以，内部的民族矛盾并不突出。然而，它终究是存在的，有时甚至会激化。汉族地主阶级惯于望风转舵，奚和渤海的世家大族中也有人不愿屈居契丹贵族之下。至于各族的广大劳动人民，则对契丹贵族有着不可调和的矛盾。总之，辽朝的民族情况是："种类蕃多，其心不一。"（《宋朝事实》卷二十）受尽剥削和压迫的各族人民，到忍无可忍时，就会起来反抗骑在他们头上的契丹贵族以至整个统治集团。

3. 各族人民的反抗斗争

统和十一年（993），辽朝曾经发生一件值得我们注意的事情。对于这件事情，历史只留下十多个字的记载："霸州民妻王氏以妖惑众，伏诛。"（《辽史·圣宗纪》）此外，我们就一无所知了。如果说王氏被杀的缘故仅仅是由于她传播了宗教迷信方面的旁门左道，未免不近情理，因为契丹贵族对各种各样的宗教迷信从来是兼收并蓄、一律欢迎的，怎么会独独不容王氏而必欲置之死地呢？揆度情理，可以这样来理解：所谓"以妖惑众"，是在宗教迷信的外衣之下散布对辽朝统治的不满，由契丹贵族看来，这当然是大逆不道，是非诛杀不可的了。富于反抗强暴统治的斗争传统的汉族人民，在辽朝统治和压榨下，同样会设法组织起来进行反抗，王氏可以说是试图组织反抗的先锋。不过，由于当时辽朝还处在上升时期，国内还没有成熟的社会危机，所以王氏的活动被轻易地镇压了下去。

太平九年（1029），渤海地区爆发了以大延琳为首的事变。这次事变的爆发有比较复杂的社会历史背景。原来，辽朝在吞并了渤海之后，为了安定人心，从其旧俗，商税定得较轻。大约一个世纪之久，渤海地区"未有榷酤盐曲之法，关市之征亦甚宽弛"。至太平年间，税官冯延休和韩绍勋相继把燕地平山的税法搬用到渤海地区，苛征酷敛，"民不堪命"。又因燕地连年大饥，税官王嘉献计造船，强征渤海民夫漕粟入燕。"水路艰险，多至覆没。虽言不信，鞭楚捞掠"，于是"民怨思乱"了（《辽史·圣宗纪》）。以上是事变爆发的近因。此外还有远因，就是圣宗在统和末及开泰中两次用兵，渤海人民大受骚扰，在他们心中早就种下了对辽朝统治的恶感。

大延琳是渤海王族的遗裔，在事件发生前为东京舍利军详稳。当时渤海的贵族和豪强在政治上分化成为两个阵营，一个是亲契丹派，一个是反契丹派。亲契丹派的人物死心塌地投靠了契丹贵族；反契丹派的人物则希望摆脱契丹贵族的统治，恢复祖先缔造的渤海国家是他们心向往之的目标。大延琳无疑是反契丹派的一个主角。这时，人民对契丹的统治也感到普遍不满。"民怨思乱"，对反契丹派来说是一个绝好的机会，于是大延琳领先发难。

太平九年八月，大延琳囚东京留守萧保先，杀韩绍勋及王嘉等，遂称帝，国号兴辽，建元天庆。

由此可见，大延琳起兵是尖锐的阶级矛盾同一定程度的民族矛盾交汇的产物。一方面是渤海人民的反抗，另方面是渤海贵族豪强的复国运动，两种力量汇合在一起了，所以声势相当浩大。可是由于渤海的贵族豪强参加并领导起兵仅仅是为了利用人民的义愤，来达到重建由他们统治的渤海国家的目的，因而这次事件也有它的弱点。

当时，渤海太保夏行美领兵镇保州，大延琳密遣人劝说夏行美共同起兵。夏行美亦渤海人，但他是亲契丹派，不但拒绝参加起兵，反而把起兵消息报告东京统军使耶律蒲古。耶律蒲古闻讯，立杀部下渤海兵八百人，据守保州，在兴辽国的东边插下了一个钉子。国舅详稳萧匹敌闻讯，急率本部兵控扼辽水，在兴辽国的西边插下了一个钉子。黄龙府守将也拒绝参加起兵，在兴辽国的北边插下了一个钉子。大延琳引兵攻沈州，不克。

是年十月，圣宗命燕京留守萧孝穆为都统，将中军；国舅详稳萧匹敌为副统，将左军；奚王萧蒲奴为都监，将右军，分道进攻大延琳。手山一役，大延琳兵败，退保东京。太平十年（1030）春，萧孝穆等围东京。

有些熟女真部也卷入了这次事变，可是力量不大。生女真部则为辽军所阻，未采取一致行动。大延琳孤立无援，就只能婴城固守了。辽军围攻东京，守城队伍顽强抵御。相持至太平十年十月，因大延琳部将杨详世叛变，城破，大延琳被擒。其余部不久也被辽军击灭或招降。计大延琳起兵历时共一年。

　　这次起兵虽失败了，但不是没有成果的。辽朝被迫对渤海人民作了一些让步，"诏复其租，民始安靖"（《辽史·食货志》）。萧孝穆被任为东京留守，有鉴于韩绍勋、王嘉之失，"为政务宽简，抚纳流徙，其民安之"（《辽史·萧孝穆传》）。对渤海的贵族和豪强，辽朝分别对待："诏渤海旧族有勋劳材力者叙用，余分居来、隰、迁、润等州。"（《辽史·圣宗纪》）这样一拉一打，以达到笼络和利用亲契丹派并削弱和孤立反契丹派的目的。

　　重熙十三年（1044），"香河县民李宜儿以左道惑众，伏诛"（《辽史·兴宗纪》）。这是一个与五十年前王氏"以妖惑众"同类的事件，李宜儿之所以失败，从根本上说，也是因为当时辽朝处在极盛时期，内部还没有成熟的社会危机。

　　至咸雍三年（1067），辽朝已盛极而衰，阶级关系已有剑拔弩张之势。"有司奏：'新城县民杨从谋反，伪署官吏。'上（道宗）曰：'小人无知，此儿戏尔。'独流其首恶，余释之。"（《辽史·道宗纪》）杨从被明确地指控为"谋反"，他进行了具体的组织活动。显然有用武力来推翻辽朝统治，代之以自己的政权的谋划，比王氏和李宜儿是前进了一大步。至于道宗的话，则不过是强作镇定，借以自慰罢了。

　　当道宗时，在奚人中也发生过民变或兵变，在渤海人中也发生过以高颓乐为首的事变，其年代及始末不详，但都被道宗命皇弟燕王洪道率兵先后镇压下去。

二、辽朝与邻国、邻部的关系

关于辽朝与五代诸朝以及宋朝的关系，已经在第二章里面讲过了，这里只把辽朝与高丽、西夏、西北诸部以及女真的关系做一个简要的介绍。

1. 辽朝与高丽的关系

高丽与契丹的外交联系始于阿保机即帝位的前一年，即915年，是年高丽遣使来聘，以宝剑赠阿保机。

此后，辽朝与高丽不时通使聘问，互遗礼物，建立了密切的联系。又在边境上开辟榷场，互通有无，促进了双方的物资交流。在文化方面，彼此也有往来，例如：统和十三年 (995)，高丽遣童子十人来辽学习契丹语文；咸雍七年 (1071)，辽道宗以佛经一藏赠高丽王徽。

在辽朝与高丽之间，虽然也发生过由契丹统治者挑起的战争，但是影响并不大，而且很快就又言归于好了。

2. 辽朝与西夏的关系

西夏与历史悠久的独立国家高丽不同，它是中国境内一个在特定历史条件下形成的，有封建割据性质的政权。

西夏始兴于唐中和间，即9世纪八十年代。其主世为唐夏州节度使。至五代时，西夏据有今宁夏、甘肃东北部、内蒙古西南部和陕西北部的一角。宋初，西夏附于宋。986年 (辽统和四年，宋雍熙三年)，西夏主李继迁叛宋，遣使持重币来辽请附。统和八年，圣宗册封李继迁为夏国王，从此西夏在名义上成了辽的属国。但就西夏来说，这不过是一种外交手腕。它利用辽宋之间的矛盾，有时结辽抗宋，有时结宋制辽，乘机发展自己的势力。所以西夏主一方面受辽册封，另方面有时也向宋称臣。景福元年 (1031)，兴宗以兴平公主嫁夏国王李德昭 (继迁子) 子元昊。重熙元年 (1032)，德昭死，元昊继位。1038年 (重熙七年，宋宝元元年)，元昊自号"大夏国皇帝"。

1044年 (重熙十三年，宋庆历四年)，夏宋罢兵议和，宋册封元昊为大夏国王，并许以岁币。元昊又转而试图与辽争夺对西北诸部的统治权，于是夏辽矛盾突出起来。先前臣属辽朝的党项等部，这时在元昊诱胁之下，叛附西夏。辽军进讨党项等部，败绩，西南面招讨使萧普达及四捷军详稳张佛奴殁于阵。是年九月，兴宗亲征西夏。元昊见辽军大至，衡度自己的力量还有所不及，乃上表请罪，并令党项三部来降，兴宗始命班师。

重熙十七年 (1048)，元昊死，子谅祚继位。次年七月，兴宗复亲征西夏。这次战争倒不是西夏挑起的，而是辽朝统治集团因西北形势对自己有利，企图趁元昊已死、谅祚初立之机，联合阻卜压服西夏。可是，这时辽军的素质已较前逊色，且缺乏有经验的统帅，兴宗本人亦不谙兵事。初战，辽军失利奔溃，兴宗立即逃了回来，把征讨之事托付诸将。再战，辽军又败北，乌古敌烈部都详稳萧慈氏奴及南克耶律斡里皆战殁。但是，由北道行军都统耶律敌鲁古率领的阻卜军却在贺兰山俘掳了元昊之妻及一些西夏官僚家属，并击退了来援的西夏军。重熙十九年，战争仍断续进行。至重熙二十年（1051），辽朝始许西夏请和，西夏对辽朝称藩如旧。

此后直到辽末，辽夏之间虽偶而有些纠葛，但没有再爆发战争。

3. 辽朝与西北诸部的关系

在辽朝的西北边境有许多部落，其中主要是阻卜（鞑靼）部落。这些部落当时还没有组成强有力的联盟，对辽朝的安全还不能构成严重的威胁。辽太祖西征，止于大漠，西北诸部望风来附。但是真正降服的只有三个阻卜部落，它们被徙置近地；其余绝大多数部落虽亦间或来贡，都还是自主的。

从十世纪九十年代起，辽朝开始大力展拓西北边境。推其用意，不外以下四点：（1）扩大牧地；（2）控驭西北诸部，向它们勒索岁贡——主要是马匹；（3）防止西夏向北发展；（4）维护通往西域的道路，使之畅通无阻。统和十二年（994），诏皇太妃（齐妃）领乌古等部兵及永兴宫分军抚定西边，以萧挞凛为招讨使督其军事。统和二十一年（1003），建可敦城，作为西北的边防重镇。经过多年的经营，"拓土既远，降附亦众"（《辽史·萧韩家奴传》）。

辽朝的这些活动，就西北诸部来说，一方面使它们受到侵侮和剥削，另方面对它们的发展和进步起过有益的影响（详本书第二章第五节）；就辽朝来说，一方面达到了扩大牧地、勒索岁贡、钳制西夏和确保通商道路的目的，另方面也付出了巨大的代价。大军远戍，"西北之民，徭役日增，生业日殚"（《辽史·萧韩家奴传》）。一旦境外诸部反辽，边民被掠，兴兵讨击，耗费就更大了。所以，有些大臣主张把可敦城移置近地，缩短防线。以广开屯田闻名的耶律唐古说："自建可敦城已来，西蕃数为边患，每烦远戍。岁月既久，国力耗竭。不若复守故疆，省罢戍役。"（《辽史·耶律唐古传》）萧韩家奴则把成绩一笔抹煞，说是"空有广地之名，而无得地之实"（《辽史·萧韩家奴传》）。但辽朝没有采纳耶律唐古和萧韩家奴等人的主张。

大约在十一世纪的八十年代，有些阻卜部落开始结成部落联盟了。大安五年（1089），辽朝正式任命阻卜酋帅磨古斯为阻卜诸部长。大安八年（1092）十月，磨古斯起兵反抗辽朝。次年三月，奉命讨伐磨古斯的辽军大败，"二室韦、拽剌、北王府、特满群牧、宫分等军多陷没"（《辽史·道宗纪》）。十月，磨古斯又袭杀西北路招讨使耶律挞不也，声势大振，其他阻卜部落纷纷起响应。这次反抗斗争的起因不明，估计除了反对辽朝的压迫之外，劫掠人畜也是阻卜酋长们的目的之一。当时辽朝西北地区连岁告饥，军民俱困，阻卜酋长们正是选择了这个良好的时机举事的。

这次阻卜的反抗斗争使辽朝损失惨重，覆军杀将之外，西路群牧的马匹多为阻卜所取，远途飞挽又加重了后方人民的负担。辽朝大发援军，赈济军士以激励衰颓的士气，并对参与反抗斗争的各部实行分化和招降的政策，才逐渐扭转了危局。寿昌六年（1100）正月，南府宰相兼西北路招讨使禁军都统斡特剌擒磨古斯。二月，磔磨古斯于市。至此，历时九年有余的反抗斗争基本上平息了。辽朝在这场镇压人民反抗的战争中虽则取得了最后胜利，但是已经元气大伤，社会危机也因而加深和加剧了。

4. 辽朝与女真的关系

女真，"其在南者，籍契丹，号熟女直；其在北者，不在契丹籍，号生女直。"（《金史·世纪》）熟女真（直）即五节度女真部、曷苏馆女真部、奥衍女真部及移典（乙典）女真部等，它们是由辽朝直接统辖的内属部落。这里专谈生女真与辽朝的关系。

生女真大多分布在今松花江以北，分为许多互不统属的部落。他们从事粗放的农业，也畜养马牛猪羊，并精于射猎捕鱼。辽初接触的女真是那些后来被称为熟女真的部落。到10世纪八十年代和九十年代，辽朝在经营西北的同时，也展拓了东北边疆，才同生女真有了较多的接触。统和三年（985）八月，命枢密使耶律斜轸为都统，驸马都尉萧恳德为监军，以兵击女真。别遣彰德军节度使萧闼览及林牙耶律谋鲁姑等，亦各率所部兵进击。诸路皆以捷闻。次年正月，师旋。据《辽史》所记，耶律斜轸等获女真生口十余万，马二十余万。这是辽朝攻打女真的历次战争中规模最大的一次，也是收获最丰的一次。从此，有些生女真部落对辽朝有了不确定的附庸关系。

辽朝允许东北边民与生女真互市，也允许商人出境到生女真地方去贸易。契丹贵族酷好畋猎，他们需要一种名叫海东青的猎鹰，海东青出产在生女真地方，辽朝迫令某些生女真部的人民捕捉海东青，以时贡进，进贡海东青的路线就是所谓"鹰路"。

十一世纪中叶，女真完颜部逐渐强盛。以完颜部酋长石鲁为首，形成了一个部落联盟，辽朝赠石鲁以惕隐官号。至石鲁子乌克乃时，这个部落联盟扩大了。乌克乃因协助辽朝擒获阻断鹰路的五国部酋长拔乙门，被辽朝封为生女真部节度使。11世纪末及12世

纪初，乌克乃子盈歌任生女真部节度使，他也曾为辽朝出力打通鹰
路，并替辽朝擒斩了逃入女真地区的叛臣萧海里。盈歌统一了女真
联盟各部的号令，加强了自己的权力。于是，在辽朝的东北界外，
出现了一个逐渐壮大的对抗势力。

当时女真社会处在奴隶制初期。

三、辽朝的灭亡

1. 女真起兵反抗辽朝

天庆四年（1114）秋，女真酋长完颜阿骨打起兵，一举攻克辽
朝的东北边防重镇宁江州（在今吉林扶余市境）。十一年之后，辽
朝灭亡，代替它的是由女真贵族建立的金朝。

一个雄踞长城内外二百余年，曾经使宋朝疲于奔命而不得不
向它屈辱求和的强大王朝，竟在如此短促的时间内被原来好像无
足轻重的女真部落联盟所灭，原因何在？论财富的殷厚，论兵马
的众多，女真是无法与辽朝相比的。在攻克宁江州时，女真的兵员
只有两千五百，辽朝却可以动用十万以上。女真虽有骠悍劲疾的骑
兵，但装备比辽军差。可是，辽军尽管在数量上占着绝对优势，却
不能再发挥出先前驰逐在河北平原上的威力，而是屡战屡败，终至
于一蹶不振。促使辽朝覆亡的根本原因，显然不是外在的，而是内
在的。女真的胜利，是在辽朝内部的社会矛盾发展到尖锐对抗状
态的条件下取得的。

女真人民反抗辽朝不是偶然的，它是因为辽朝对女真人民施加沉重的压迫，到头来自食其恶果。辽朝东北边境的官吏和奸商，在朝廷的纵容下，对女真人民巧取豪夺，谓之曰"打女真"，这早就在女真人民心里种下仇恨了。乾统元年（1101）即位的天祚帝，不恤国事，沉溺在声色犬马之中，尤其喜好畋猎。为了畋猎，"捕海东青于女真之域，取细犬于萌骨子之疆"（《契丹国志·天祚皇帝》）。他经常派遣银牌天使到女真地方去，强迫女真人民冒着生命危险去捕捉海东青并采珠。银牌天使率领着大批随从，到处欺压女真人民，向他们敲榨财物，要他们的妻女伴宿。备遭凌辱的女真人民，莫不恨之入骨。

女真联盟在盈歌为首领时，已经是一个富有掠夺性和进攻性的组织。盈歌死，兄子乌雅束继位。乌雅束死，弟阿骨打继位。阿骨打在盈歌及乌雅束时，已经是一个负有重望的军事统帅，为扩大和加强女真联盟立下了汗马功劳。阿骨打与辽朝发生冲突的主要原因，是辽朝阻挠女真联盟继续扩张，并拒绝引渡因不服阿骨打约束而叛入辽朝的女真别部酋长阿疎。当时女真人民对辽朝的怨愤，坚定了阿骨打进攻辽朝的决心，并使他一度成为女真人民心目中的英雄。阿骨打"力农积谷，练兵牧马"（《三朝北盟会编》卷三）。为了广泛动员部民参战，曾经许诺给立了军功的部曲和奴隶以自由，这也使他颇得人心。

同时，在辽朝方面，却是一派日落西山的衰颓景象。天祚帝即位以后，内部局势比道宗晚年更糟了。在农村中，问题已不止是有为数众多的隐户和逃户，而且是有了不少所谓"盗贼"了。被称为"剧贼"的赵钟哥一度袭击皇宫，劫走宫女和御物。（《辽史·马人

望传》）乾统九年 (1109)，"谷价翔踊, 宿卫士多不给"（《辽史·萧
陶苏斡传》）。卫士尚且不给, 百姓的穷困就可想而知了。乾统十
年, "境内大饥"（《续资治通鉴》卷九十）。在民不聊生的情况下,
皇室、贵族和官僚依旧横征暴敛, 过着奢靡的生活。天祚帝纵情畋
猎, 所至扰民。天庆三年 (1113), "猎狗牙山, 大寒, 猎人多死",
天祚帝毫不动心, 反而继续扩大围场, "徙大牢古山围场地居民于
别土"（《辽史·天祚皇帝纪》）。同年, 有"李弘以左道聚众为乱"。
在深重的社会危机笼罩下, 人民揭竿而起。李弘虽然受到残酷的
镇压——"支解, 分示五京"（《辽史·天祚皇帝纪》）, 可是继起者
大有人在。

　　人民的穷困和政治的腐败从根本上毁坏了辽军的士气和纪
律, 在斗志旺盛的女真战士的攻击下, 数量的优势并不能使辽军
免于溃败。宁江州守军八百, 加上由东北路都统萧嗣先率领的援
军七千, 合计七千八百。女真战士只有二千五百, 可是一个突然袭
击就把辽军击溃了。溃散的辽军所至劫掠, 朝廷恐怕他们相聚为
患, 不予加罪, 于是"诸军相谓曰:'战则有死而无功, 退则有生而
无罪。'故士无斗志, 望风奔溃"（《辽史·天祚皇帝纪》）。

　　是年——天庆四年 (1114), 女真在夺占宁江州之后, 乘胜
取咸、宾、祥三州, 兵力增大到步骑一万, 铁骊和乌舍也响应
女真, 背叛了辽朝。

2. 宁江州失守后局势的演变和辽朝的灭亡

　　在宁江州失守之后, 大臣萧陶苏斡（萧托斯和）对局势作了
忧心忡忡的估计:"若遇强敌, 稍有不利, 诸部离心, 不可制矣!"

（《续资治通鉴》卷九十一）他提出的对策是，拿出大量的兵力来，击退女真，稳住局面。萧陶苏斡的忧虑不久就被证实了，但他的对策却没有奏效。

偌大的一个辽朝，这时由于前方损失太重，国内民心背离，已经无法征集到足够数量的兵员，于是一面加紧征兵，一面又实行募兵。天庆六年（1116），"籍诸路兵，有杂畜十头以上者皆从军"（《辽史·天祚皇帝纪》）。同年，募辽东部曲三万余（一说止二万余）为"转户军"。天庆七年，复募辽东饥民二万余为"怨军"。日甚一日的经济困难，使辽朝无法在募兵的同时解决筹饷问题。是年冬初，怨军因"时寒无衣，劫掠乾州"（《契丹国志·天祚皇帝》）。连征带募，结果还不够，于是又实行计户产出军和劝富人献军等愈出愈奇的办法。"诏中京、上京、长春、辽西四路计户产出军，时有起至二百军者，生业荡散，民甚苦之。四路军甫集，寻复遁去。"（《辽史·张琳传》）"劝谕三路（南京、平州、西京）富民，依等第进献武勇军二千人"，"又科敷运脚车三千乘，准备随军支遣，境内骚然矣！"继而又规定："诸番部富人进军、献马、纳粟出身，官各有差。"（《契丹国志·天祚皇帝》）战马也极为缺乏，"累与金战，番汉战马损十六七，虽增价数倍，竟无所买，乃冒法买官马从军"（《辽史·食货志》）。天庆十年（1120），大括民马，"民有群马者，十取其一，给东路军"（《辽史·天祚皇帝纪》）。除了兵员不足、装备不全之外，更加严重的是士气低落。甚至一些素称精锐的部队，这时也变得不堪一击了。例如在女真攻春州时，"东北面诸军不战自溃，女古、皮室四部及渤海人皆降"（《辽史·天祚皇帝纪》）。总之，辽朝已经到山穷水尽的境地了。

　　以天祚帝为首的辽朝的统治者们，在这样危殆的局势下，依旧作威作福，毫无改弦易辙之意。天祚帝本人自从天庆五年（1115）亲征失败，也丧失了战胜女真的信心。天庆八年，天祚帝在中京，闻女真入新州，"昼夜忧惧，潜令内库三局官打包珠玉珍玩五百余囊，骏马二千匹，夜入飞龙院喂养为备"（《契丹国志·天祚皇帝》）。保大元年（1121），"郡县所失几半，生灵涂炭，宗庙丘墟。天祚尚以四时游畋为乐，工作之费，未尝少辍"（《契丹国志·天祚皇帝》）。因此，内部阶级矛盾没有因为女真的入侵而缓和，反而是更加尖锐了。

　　女真不断进攻，所至克捷。天庆五年正月，阿骨打即帝位，国号大金。是年，金军取黄龙府。1116年（金收国二年，辽天庆六年），金军克东京。1120年（金天辅四年，辽天庆十年），金军克上京。1122年（金天辅六年，辽保大二年），金军连取中、西、南三京。是年，阿骨打死，子吴乞买立，继续追击天祚部下负隅未降的辽军。

　　如果辽朝没有严重的腹心之患、后顾之忧，能把主要力量用来对付女真，女真是未必能得志的。除了女真的进攻，辽朝还受到来自另外三个方面的威胁，即人民的起义、统治阶级的内讧和宋朝的北伐，这消耗了辽朝的一大部分力量，兹分述如下。

　　(1) 人民的起义

　　辽朝内部阶级对抗的紧张关系，在女真发起进攻之前，已有一触即发之势。女真的胜利，证明辽朝已透骨地腐朽了，于是被压迫、被剥削的各族人民群起步李弘的后尘，用武力来反抗辽朝的统治。

天庆五年，辽东有"群盗"活动。所谓"群盗"，就是一股一股的起义队伍。如古欲起义于饶州，众至步骑三万余，击败了辽军统帅萧谢佛留。后来另一辽军统帅萧陶苏斡用政治策略瓦解了起义队伍，才把古欲擒获。

天庆六年（1116）正月，"为政严酷"的东京留守萧保先被刺身死，户部使大公鼎和副留守高清明集奚、汉兵捕杀刺客，人情鼎沸。驻扎在附近的东京裨将高永昌闻讯，率其部下入据东京，逐大公鼎及高清明等，自立为帝，国号大元（一说为大渤海国），建元隆基（一说为应顺）。高永昌起义得到当地人民广泛响应，未几，辽东五十余州尽为其所有。可注意的是，有许多汉人和一些契丹人也卷入了这次起义。高永昌部将侯概、吴撞天等是汉人，侯概曾奋战在高州、川州等地。契丹将领耶律余睹以所部投效高永昌，先已叛辽的契丹将领耶律张家奴也曾与高永昌配合行动。

辽军向起义的人民进攻，经大小三十余战，迫使高永昌退保东京。是年五月，金军南下，席卷辽东，高永昌被执死。这时，辽东的熟女真部投降了金朝，但是起义的人民既反抗辽朝，也反抗金朝。高永昌死后，"其溃散汉儿军多相聚为'盗'"，"所在蟠结，以千百计，自称云队、海队之类，纷然并起"（《契丹国志·天祚皇帝》），"契丹不能制"（《续资治通鉴》卷九十二）。

是年八月，西北的乌古部也起义了，不幸在两个月之后被辽军讨平。

天庆七年（1117）二月，南京地区爆发了以董庞儿为首的起义。董庞儿是易州涞水县人，"少贫贱，沉雄果敢"，曾应募为武勇军,与女真战,败绩,主将欲斩之,由是亡命山谷间,聚众起义（《三朝北盟会编》卷一引《秀水闲居録》）。初起义时,有部众千人,未几增至万余人。一年后,被称为"滦贼"的安生儿和张高儿组成了另一支庞大的起义队伍。大约同时,还有霍六哥起义于懿州。这一年,"山前诸路大饥,乾、显、宜、锦、兴中等路,斗粟直数缣,民削榆皮食之,既而人相食"（《辽史·天祚皇帝纪》）。估计有大批饥民加入了起义,所以旧史对安生儿、张高儿的队伍作了夸大其实的描写,说是曾"聚众二十万"（《辽史·天祚皇帝纪》）。天庆九年(1119)二月,被称为"奴贼"的张撒八鼓动中京射粮军起义。这几年里,"东路诸州'盗贼'蜂起"（《续资治通鉴》卷九十三）,山前"汉人啸聚,民心益摇"（《辽史·萧陶苏斡传》）。在张撒八起义的同年五月,阻卜补疏只等亦起义,执招讨使耶律斡里朵,杀都监萧斜里得。

起义队伍的弱点是没有统一的组织,缺乏坚定的领导,以及没有明确的行动方针。当时,阶级矛盾与民族矛盾交错并发,起义队伍在反抗辽朝这一点上是一致的,但在对待金朝和宋朝的态度上不免有些模糊和动摇。他们没有把分散的力量有效地联结起来,所以容易被各个击破。安生儿战死于龙化州。张高儿率余众入懿州,与霍六哥会合,此后张下落不明,霍则降于金。张撒八也兵败牺牲了。董庞儿转战在云、应、武、朔、易诸州,后来一度归附宋朝,最后又投降了金朝。

起义队伍的上述弱点,是由历史条件限定的,纵然如此,当时辽朝各族人民的英勇斗争对瓦解辽朝的统治终究是起了主要作用的。金朝初期,一方面同辽朝一样无情地镇压人民起义,另方面也不得不迁就原有社会制度在辽末人民起义中遭受损伤的现实，而在策略上作出某些调整。

(2) 统治阶级的内讧

当辽朝的统治摇摇欲坠之际，统治阶级内部的矛盾也爆发了。"金兵一集，内难先作，废立之谋，叛亡之迹，相继蜂起，驯致土崩瓦解，不可复支。"（《辽史·天祚皇帝纪》）早在天庆五年 (1115) 九月，就已有御营都统诸行宫副部署耶律章奴谋立魏国王耶律淳为帝，事败而叛，"率麾下掠庆、饶、怀、祖等州，结渤海群盗，众至数万"（《辽史·天祚皇帝纪》）。章奴起事仓促，部署欠密，只一个来月就被擒获处死了。同年十二月，中军都监耶律张家奴亦叛。至次年四月，张家奴亦被擒斩（一说张家奴即章奴）。

天庆九年 (1119) 十月，有"耶律陈图奴等二十余人谋反，伏诛"（《辽史·天祚皇帝纪》）。

保大元年 (1121)，辽军副都统耶律余睹（此人与天庆六年反叛的耶律余睹非一人）密谋立晋王敖鲁斡为帝，事泄未逞，余睹叛入金，引金军击辽。

保大二年 (1122) 三月，宰相李处温（汉人）、都统回离保（即萧干，奚人）和林牙耶律大石（契丹人）等拥立耶律淳于南京，改元天福，降封天祚帝为湘阴王。这时，天祚帝所有的仅仅是西南、西北两路招讨司了。耶律淳的政权也是极其腐朽的。拥立他的那些番汉大臣，相互之间勾心斗角，矛盾重重。是年六月，淳死，李处温一面与宋通款，打算挟淳妻德妃纳土于宋，一面又与金通款，打算为金作内应。结果却为回离保所杀，德妃"命籍其家赀，得见钱十余万贯，金银珠玉称是，皆自为宰相数月之间，四方贿赂公行所得"(《契丹国志·天祚皇帝纪》)。是年冬,金兵攻居庸关,守兵不战而溃,金兵乃大入。回离保、耶律大石等弃南京,引残军拥德妃出古北口。至卢龙岭,回离保主张进取奚王府,到他的老巢去,耶律大石主张投奔一度被他们抛弃的主子天祚帝。"于是,辽、奚军列阵相拒而分矣!"(《契丹国志·天祚皇帝》)契丹兵士从耶律大石挟德妃西走,奚、汉、渤海兵士随回离保北上。造成分裂的原因是奚、汉、渤海兵士不愿远离家乡,不愿为垂亡的辽朝殉葬,回离保则自有其打算。

保大三年(1123)正月,回离保自号大奚国皇帝,建元天复,设奚、汉、渤海三枢密院,籍奚、汉、渤海丁壮为军。他的部下巴辍、韩家奴等,引兵攻打附近的契丹部落,劫掠人畜,这是统治阶级利用民族隔阂,挑起民族纠纷,借以达到利己的目的。是年五月,回离保南略燕地,败于景蓟间,为部下所杀,其众奔溃。这个"大奚国",不满半年也烟消云散了。

在回离保兵败被杀的那个月,天祚帝西渡黄河。中军都统萧特烈(见《辽史》本传。同书《天祚纪》"耶律敌烈"是同一人。考,特烈是遥辇可汗宫分人,姓萧的可能性比较大)等在未渡河时劫天祚帝次子梁王雅里北走,会合西北诸部,立雅里为帝,改元神历。是年十月,雅里死,兴宗孙术烈继之。十一月,特烈及术烈等俱为乱兵所杀。

保大四年(1124)二月,复有耶律遥设等十人谋反,事败被杀。

统治阶级的四分五裂,分散了辽朝对付女真的力量。

(3) 宋朝的北伐

女真的胜利以及辽朝内部的混乱局势,使得宋廷君臣认为收复燕云地区的时机已经到来。于是，宋朝废除了屈辱的澶渊盟约。1120年（宋宣和二年，辽天庆十年），宋朝遣使浮海与金朝订立盟约，议定夹攻辽朝，在灭亡辽朝之后，双方以长城为界，宋朝并许诺把以前送给辽朝的岁币照数送给金朝。当时，在宋朝内部，也有人觉得这样做并不妥当，他们认为："灭一弱虏，而与强虏为邻，恐非中国之福，徒为女真之利。"（《三朝北盟会编》卷八）后来的事实证明，他们的顾虑不是没有根据的。

1122年（宋宣和四年，辽保大二年），与金军在北线的攻势相呼应，宋军在南线也发动了进攻。辽怨军统帅郭药师以涿、易二州降于宋。宋军过白沟，初获小胜，因主帅（童贯）庸劣，寻为回离保和耶律大石所败。后来还是由金军攻克了燕云地区。宋金之间几经讨价还价，再次达成协议，宋朝答应除原许岁币外加纳钱百万贯，金朝同意把燕京和涿、易、檀、顺、景、蓟六州交还给宋朝。（次年，金复以朔、武二州归宋，尚有应、蔚二州已先为宋取）金军临去时，把这片地方的金帛子女席卷而东。宋朝"捐金帛数百万，计所得者空城而已"（《东都事略》）。

宋军的北伐，牵制了回离保和耶律大石的部队，使女真得以从容展开兵力，长驱直入。

总括起来说，辽朝在它最后的十一年间，外有女真的进逼和宋朝的对峙，内有人民的起义和统治阶级的分裂，的确是"左支右捂，困蔽日甚"了（《三朝北盟会编》卷五）。

因此，女真的进攻有摧枯拉朽之势。

保大五年（1125）二月，在应州新城东，天祚帝被尾追的金兵俘获，辽亡。

第七章

金代和元代的契丹，契丹与其他民族的同化和融合

一、金代和元代的契丹

辽亡后，契丹除了随同耶律大石西行的少数部众之外，其余都沦落在金朝统治之下。金朝把女真的猛安谋克制度推广到契丹和其他少数民族中去，又沿袭辽朝的制度，在山前山后设立了若干群牧，在北部边境设立了若干糺军。群牧的"群子"有不少是契丹人，糺军则主要是契丹人（糺军以契丹人为基本成员，此外还包括那些已与契丹同化或接近同化的乌古、敌烈等部人，以及未与契丹同化的鞑靼部人在内）。

金初，契丹地区的生产关系大体上保持着辽末的面貌，唯一的变化是横暴的辽朝垮台了，换来一个同样横暴的金朝。契丹贵族投降了金朝，金朝任命他们为猛安长、谋克长乃至朝廷大臣和方面统帅。契丹人民受着金朝和本族剥削阶级的双重剥削，对他们来说，金朝的统治与辽朝的统治相比，如果不是更坏些，也决不会是稍好些。阶级矛盾没有缓和，民族矛盾却加深了。

正隆四年（1159），金海陵王准备进攻南宋，下令签诸路兵，民年二十以上、五十以下皆籍之；并遣使分赴诸路督造兵器，"材用皆赋于民，箭翎一尺至千钱，村落间往往椎牛以供筋革"（《金史·海陵纪》）；又括诸路马，计五十六万余匹。同时，还在南京（开封）大兴土木，营建宫殿。由于对人民的剥削骤然普遍加重，阶级关系就紧张到爆裂的程度了。次年，在国内许多地方先后发生了人民起义，其中声势最大、历时最久而影响也最深远的是契丹的起义。

契丹的起义首先发生在西北,促使起义发生的直接原因是征兵。金朝下令尽征西北契丹丁壮从军,契丹人民不愿替金朝卖命,又顾虑到丁壮尽去后剩下的老弱妇孺不能自保,迫于无奈,在撒八、孛特补等领导下,杀死西北路招讨使起义了。这次起义有广泛的群众基础,所以在起义爆发之后,"山后四群牧、山前诸群牧皆应之"(《金史·移剌窝斡传》),旁近的一些部落也陆续卷了进来。但是,由于起义的锋芒仅仅针对着金朝,起义队伍的阶级成分相当驳杂,后来也暴露了它的弱点。领导起义的还是贵族,撒八、孛特补等推都监老和尚为招讨使。至于那些在金朝得到了高官厚禄的契丹贵族,则不但不同情起义,反而带领金兵去镇压起义的人民。

在西北契丹起义的同年(正隆五年,1160),还有以契丹人边六斤为首的一支起义队伍转战在河北,"所过州县,开劫府库物置于市,令人攘取之"(《金史·李通传》)。显然,边六斤是契丹下层劳动人民的起义领袖。

1161年(亦即正隆六年,大定元年),咸平府契丹谋克括里"招诱富家奴隶,数日得众二千"(《金史·移剌窝斡传》),攻陷韩州,继克咸平府,一时"远近震骇"。未几,括里受挫于信州,引兵西撤,与撒八会合。契丹与金军连战多次,相持不下。撒八恐金援军大至,打算投奔西辽,乃率众沿龙驹河西行。可是,原住山前的契丹人民不愿离弃故土,反对逃往异域。结果,撒八为六院部长移剌窝斡(移剌窝斡即耶律斡罕。由辽入金的契丹贵族,仍姓耶律及萧;约经二三十年后,耶律改为移剌,萧改为石抹)及陈家等所杀,老和尚及孛特补亦为所囚。窝斡被推为都元帅,领导起义队伍回师向东挺进。金朝派人来劝降，被窝斡拒绝。入冬，契丹围临潢府，众至五万人，车马遍野，声势大振。当时，金军的主力都南下同宋军作战去了，这是契丹起义队伍得以顺利推进的有利条件。是年十二月，窝斡称帝，改元天正。

这支以契丹人民为主的起义队伍奋战在长城以北，同时，在长城以南，以汉族人民为主的起义势力也速迅地蔓延着。"所至'盗贼'蜂起，大者连城邑，小者保山泽，或以十数骑张旗帜而行，官军莫敢近。"（《金史·海陵纪》）

窝斡围临潢府久不下，引军东趋泰州，亦不克。这时金朝调集了援军，开始捕捉窝斡的主力。同时展开了政治攻势，规定凡是主动投降金朝的农奴和奴隶一律放良并免除三年差役，贵族则量才录用并依等给赏。由于起义队伍内部仍然保持着旧有的阶级结构，农奴和奴隶没有得到解放，所以金朝的政治攻势确实起到了分化起义队伍的作用。窝斡弃泰州，往攻济州。金军在起义队伍叛徒的指引下，轻骑袭取窝斡的辎重，待窝斡引军回援时，在长滦设伏邀击。窝斡战败，率众西走，辗转入代北，与奚部会合。金军大举追击，窝斡的部下或散或降，所余无几。大定二年（1162）九月，窝斡自羊城北走，入沙漠，为叛徒所执，献于金军，被杀。至此，起义基本上平息了。窝斡余党括里、扎巴等南奔，降于宋朝，后来宋军用其谋攻取宿、泗、寿、唐、海等州。

金朝在平定契丹起义之后，在大定三年解散了所有曾经参加起义的契丹猛安、谋克，将其原管户口分散到女真的猛安、谋克中去。至大定十七年（1177），又解散了其余的契丹猛安、谋克，将其原管户口徙置临潢、泰州、济州及乌古里石垒部等处，亦与女真人

杂居。这样一来，有组织的契丹人就只剩下一些乣军了。大定二年
（1162）和二十九年（1189），金朝两次放免契丹二税户。明昌间，
又赎免契丹驱户，其办法是："量存口数，余悉官赎为良。"（《金
史·完颜襄传》）金朝采取的这些措施，从主观意图上说，是一举
三得：1.打击契丹贵族，达到"散其党"的目的；2.为封建国家争
取更多的劳动人手，以增加财政收入；3.加强对契丹人民的统治，
企图使契丹人民无法组织起来进行反抗。从客观效果上说，这些
措施却有更为深远的意义，起着削弱农奴制的作用，以及增进契
丹人民与兄弟民族人民的联系的作用，这是契丹人民起义的积极
后果。至于赖家度先生说的放免二税户"显然是契丹、汉族、奚部
各地广大起义参加者原先所受金朝的奴隶制或农奴制等枷锁宣告
了瓦解"（赖著《耶律斡罕领导的抗金斗争》，见《历史教学》1962
年第9期），我认为尚可商榷，因为：1.二税户是输税半给官、半给
主的农奴，不是既无产也无税的奴隶（驱户也不是奴隶）。2.金朝
只放免了契丹贵族占有的二税户，并赎免了契丹贵族占有的驱户，
对契丹贵族占有的奴隶则既没有放免也没有赎免。那些参加起义
的"奴婢"（农奴和奴隶），除了主动投降的可以放良之外，阵前被
俘的却是"准已虏为定"（《金史·移剌窝斡传》），不在放良之列。
这是有事实可寻的，例如在起义平息的前一个月，金军追袭窝斡
残部，"有不降者，攻破之，尽杀其男子，以其妇女童孺分给诸军"
（《金史·世宗纪》）。

　　撒八和窝斡领导的起义虽然失败了，但是起义的余波久久未
平。大定三年和四年（1163、1164），有被称为"契丹余党"或"窝
斡余党"的小股起义队伍仍在活动。大定九年（1169），有"契丹外

失剌等谋叛"。此后沉寂了二十来年，大定二十年 (1180) 起兵抗金的蒲速椀群牧老忽未必是契丹人。

至承安元年 (1196)，又爆发了一次规模较大的契丹人民起义，卷进起义的有六所群牧和一千余名乣军，起义的中心在特满群牧，领袖是德寿和陁锁。德寿和陁锁攻克信州，"建元曰身圣，众号数十万，远近震骇"。但是，不久就平息了。事后，金朝鉴于有些乣军响应了这次起义，为便于监督计，"移诸乣居之近京地"（《金史·完颜襄传》。该传将起义发生的时间误记为明昌初）。

十三世纪初，蒙古孛儿只斤部酋长铁木真统一了蒙古草原。金泰和六年 (1206)，铁木真即大汗位，是为成吉思汗。继契丹和女真之后，一支更加强劲的力量出现在长城以外，并且迅速地向着长城推进了。

当金朝的北部边疆受到蒙古威胁的时候，"金人疑辽遗民有他志，下令辽民一户，以二女真户夹居防之"（《元史·耶律留哥传》）。金崇庆元年 (1212)，契丹千户耶律留哥（元代，移剌还原为耶律，石抹则未改）反抗金朝，连败金军。留哥大力募兵，数月间，众至十余万。次年，留哥被推为辽王，奠都咸平府。金贞祐三年 (1215)，攻克东京辽阳府，于是淹有辽东之地。同年，蒙古攻克中都 (燕京)。乣军背叛金朝，参加了围攻中都的战役。

留哥集团内部矛盾重重，致留哥本人亦为其部将所不容。就在攻克东京之后不久，留哥见众心不附，带着大批金银财宝西奔，投靠成吉思汗。金贞祐四年，原为留哥部将的耶厮不称帝于澄州，国号辽，改元天威。此后三年内，这个贵族割据政权换了四个主子，耶厮不为部下所杀，乞奴监国，金山杀乞奴，统古与杀金山，喊舍又杀统古与，最后，在金兴定二年 (1218) 冬，留哥带领蒙古兵卷土重来，喊舍自杀。次年春，留哥平定辽东，成吉思汗给他辽王的封号。

留哥死后，其子孙在元朝担任行广宁路都元帅府事及行广宁路总管军民万户府事等职。元至元六年 (1269)，元朝在辽东的统治比较稳定了，就并广宁于东京，把留哥的子孙一脚踢开了。

乣军自从帮助蒙古攻取中都，一度颇见倚重，但是不久又对蒙古的统治不满，蒙古统治者们"恶其反复，遂分其众以赐功臣"（《观堂集林》卷十六《乣因亦儿坚考》），于是契丹硕果仅存的一种组织也被解散了。元代还有一种黑军，黑军的名称无疑是从契丹人那里来的，而且统率黑军的将领是契丹人，但是黑军并不完全由契丹人组成，它的兵员也不很多。例如其中特别出名的一支黑军当初是汉人张鲸私养的"敢死之士"，有一万二千人（《元史·石抹也先传》）。元朝对黑军采取利用和防范兼施的政策，有时散屯各处，有时用为前驱。黑军立了不少战功，当然也折损了不少兵员。从14世纪起，黑军踪迹不明，大概是被改编或者也被解散了。

二、契丹与其他民族的同化和融合

契丹与其他民族的同化是在下列三种场合下发生的：1. 有些其他民族的人流入契丹地区，经相当时间后与契丹人同化。2. 有些契丹人流入其他民族地区，经相当时间后与当地其他民族的人同化。3. 有些契丹人虽则没有流入其他民族地区，但是主动学习某个文化比较发达的民族的语言文字，摹仿他们的生活习俗，甚至与他们通婚，由此也产生了一个渐进的同化过程。

民族的同化在某种程度上也是民族的融合，因为，同化的过程也是有关的民族彼此取长补短的过程。这种情况，在文化比较发达的某个民族的人同化于其他民族的时候，表现得比较明显；反之，就不大明显了。但是，即使文化比较落后的民族，通常在个别方面也有比较进步的因素，当它同化于其他民族的时候，这种因素就可能在一定时期内保存下来。例如，黑车子室韦同化于契丹人，但是他们的造车技术却在契丹人中间保存了下来。社会不断向前发展，人民不断地发挥智慧，在创造着文化，先前民族融合的痕迹到后来必定会消失，这就容易使人得到这样一种印象，好像在过去的历史上民族之间只有同化，没有融合，当然实际情况并非如此。

关于其他民族同化于契丹的事实，已经在前面的有关章节中讲过了，那就是：在辽朝成立之前，被契丹吸收和同化的，至少有若干回鹘人，可能还有若干奚人；在辽朝成立之后，则有奚、室韦、女真、突厥、回鹘、乌古、敌烈等族的一些部落，先后在不同程度上与契丹同化了。此外，在文化比较发达的渤海人和汉人中，也有少数移民、俘虏和兵士渐渐同化到契丹里面去了。如中京地区有"衣服渐变存语言"的汉人（《栾城集》卷十六）。又如高模翰统率的渤海军"并髡发左衽，好为契丹之饰"（《宋会要辑稿·蕃夷》）。

下面专讲契丹同化于其他民族的经过。

北齐在天保四年（553）大破契丹后，"所虏生口，皆分置诸州"，总共有十万余口。（《北史·契丹传》）隋朝在大业元年（605）

联合突厥大破契丹后，"获其男女四万口，杀其男子，以女子及畜产之半赐突厥，余皆收之以归"（《资治通鉴·隋纪》）。上述这些被"分置诸州"和被"收之以归"的契丹人，后来都不再以契丹的名号出现，没有疑问是同化到汉族中去了。

唐代前期，有些从契丹联盟中游离出来的残部和小部，陆续地归附了唐朝，分布在幽州和柳城之间。岑仲勉先生据《旧唐书·地理志》的材料统计出："在燕云未陷二百年前，彼族繁息于幽州一带者已万六千人以上矣。"（岑著《隋唐史》）安禄山曾经养曳落河八千余人，其中有一部分是契丹人（《安禄山事迹》卷上）。这些归附唐朝并徙居塞内的契丹人，后来也同化到汉族中去了。安史之乱发生以后，唐朝任用了一些契丹将领，如中兴名将李光弼就是契丹人，光弼弟光进、光颜也是唐朝的大将。还有契丹人孙孝哲和张孝忠，起初是安禄山的部下，后来也成了唐朝的藩帅（《唐书》谓张孝忠是奚人，另有王武后是契丹人。考张出乙失活部，应该是契丹人；王出怒皆部，应该是奚人）。

后唐命赵德钧镇幽州，当时契丹南扰受挫，威势稍杀，有些契丹兵士投降了赵德钧。赵德钧从契丹降人中选骁勇者三千，号为银鞍契丹直，银鞍契丹直的性质同安禄山的曳落河是一样的。在赵德钧投降辽朝后，辽太宗尽杀三千银鞍契丹直，这些契丹人在尚未与汉族同化之前就被本族的统治者消灭了。

辽代，契丹与汉族的联系空前密切，在契丹转为半农半牧以及与汉族交错居住的基础上，在汉族文化的熏染下，有一小部分契丹人渐渐地熟悉了汉族的语言文字，接受了汉族的风俗习惯。首先与汉族同化的是一些经常与汉族接触的契丹贵族，这恰好证实了马克思的下述论断："依据历史的永恒规律，野蛮的征服者自己总是被那些受他们征服的民族的较高文明所征服的。"（《马克思恩格斯文选》两卷集卷一，第330页）会同三年（940），"诏契丹人授汉官者从汉仪，听与汉人婚姻"[①]，这是在法律上对既成的同化事实的认可。

在金代，女真的"猛安谋克杂厕汉地，听与契丹、汉人昏因"（《金史·兵志》）。于是，契丹除了继续同化于汉族之外，也有一部分开始与女真同化了。金朝解散契丹的猛安谋克，将其原管户口分拨到女真猛安谋克和汉人州县中去的措施，加速了契丹与女真、汉族同化的过程。

在元代，蒙古统治者对契丹、女真和华北的汉人一体看待，统叫做"汉人"。这当然是从政治地位上来区分的，但也有民族同化的背景存在。此外，由于元朝解散了主要由契丹组成的乣军，加上有些蒙古部落迁徙到先前由契丹聚居的地区，所以还有一部分契丹人逐渐与蒙古同化了。在契丹与其他民族同化的历史潮流中，主流是同化于汉族，因为，同化于蒙古的只是少数，而先前同化于女真的后来也同化到汉族中去了。同化得最快的还是贵族。辽朝的契丹官员主要是娴于攻战而疏于文墨的武人，金朝的契丹官员大约文武各半，而元朝的契丹官员则多半是通习儒学的文官，这是一个鲜明的对比。契丹与汉族通婚的现象较前更多了，例如元中书令耶律楚材之母亦即金尚书右丞移剌履之妻，就是杨姓的汉人。

---

①《辽史·太宗纪》。又余靖《武溪集》谓："四姓（按即契丹、奚、渤海、汉）杂居，旧不通婚，谋臣韩绍芳献议，乃许婚焉。"考，韩绍芳仕于兴宗重熙间，上距会同三年约一个世纪。可能，重熙前虽许契丹、汉通婚，实际限制仍严，重熙间其禁始弛。

在金元两代，契丹人越来越多地改用了汉姓（除了固有的耶律（移剌）、萧（石抹）两个姓之外，还有刘、王、李、郑等姓，见陈述《金史拾补五种》）。

到元末明初，契丹人大部分已与汉人同化，小部分已与蒙古人同化。从这时起，契丹就退出历史舞台了。

随同耶律大石西走中亚细亚的那一部分契丹人，后来也与当地民族——主要是维吾尔族同化了。

我国境内能否找到至今还保有其民族特点的契丹遗裔呢？这是一个疑问。有的学者认为达斡尔人就是契丹的遗裔，就目前的研究成果来看，这个看法还不能成为确凿无疑的定论，有待于继续探讨[①]。

契丹退出历史舞台不是一个悲剧，而是一个进步。消失的是"契丹"这个名号，契丹人民则永生在兄弟民族中，他们对缔造伟大祖国所曾作出的贡献也是永不会泯灭的。

　　——1958年5月初稿，1963年7月定稿。在写作过程中，
　　曾得到中华书局古代史组同志和王辅仁同志的指教。

①清代曾有人以为达斡尔人就是契丹的遗裔，其唯一的根据是"达斡尔"和"大贺"的对音关系，这自然是欠缺说服力的。约四年前，陈述先生在所著《试论达斡尔族的族源问题》一文中（见《民族研究》1959年第8期），也认为达斡尔人源出契丹，并具体指明是辽末北迁的库烈儿部落和元末北迁的留哥部落的遗裔。这个看法也还有可商之处，如：迪烈糺并非迭剌部，库烈儿所部是在一定程度上与契丹同化了的迪烈糺（敌烈部），并非契丹的迭剌部；库烈儿的裔孙后来做了元朝的官，其部落未必还留在北边。——这些都是未能消释的疑窦。因此，地名方面的蛛丝马迹未必就能把达斡尔与契丹联系起来。

附录一

唐代契丹君长世次

孙敖曹——契丹"大帅",唐武德初来朝。考,敖曹曾孙名万荣(《旧唐书》作"曾孙",《新唐书》作"有孙"),其妹夫为大贺氏李尽忠,氏族外婚,以是知孙氏非大贺氏。

咄罗——契丹"君长",不知所出,唐武德六年(623年)来朝。

大贺氏(628—730)

摩会——契丹"渠帅",唐贞观二年(628)来降,三年入朝,赐鼓纛,由是鼓纛成为契丹君长权力的标志。《册府元龟·外臣部》谓贞观二年"契丹太贺摩会率其部来降",以是知摩会出大贺氏,而628年殆即大贺氏统治期开始的一年。

李窟哥——唐贞观十九年(645)从唐太宗东侵,还,授左武卫大将军,旋举部来附。贞观二十二年,置松漠都督府,即以窟哥为都督,封无极男,赐姓李。

阿卜哥——或作阿不哥,松漠都督。其前任似非窟哥。阿卜哥晚年反唐,显庆六年(661)兵败被执。

李尽忠——窟哥孙,授松漠都督,封松漠郡王(同时有窟哥曾孙楷莫离封归顺郡王)。其前任似非阿卜哥。尽忠因屡遭唐边将侵侮,于武则天万岁通天元年(696)举兵反唐。自号无上可汗,契丹君长称可汗自尽忠始。是年十月,尽忠死,由契丹别部长孙万荣(归诚州刺史)代领其众。神功元年(697)六月,唐军联合突厥夹击契丹,契丹溃败,万荣为家奴所杀。

李失活——尽忠从父弟,唐开元四年(716)来附,袭尽忠官爵,并授左金吾卫大将军,五年入朝,尚永乐公主,六年死。

李娑固——失活弟(《册府元龟》作从父弟),唐开元七年(719)与永乐公主俱来朝(似复妻永乐公主),袭失活官爵,并授静析军经略大使,其明年,为“勇悍得众心”的静析军经略副使可突干所杀。

李郁干——或作郁于,娑固从父弟,袭娑固官爵,尚燕郡公主,唐开元十二年(724,《册府元龟》作十一年)死。

李吐干——或作咄于,郁干弟,继郁干为松漠都督,改封辽阳郡王,复妻燕郡公主,开元十三年(725)奔唐。

李邵固——尽忠弟,唐开元十四年(726)使唐,授郎将,放还,继任松漠都督,改封广化郡王,尚东华公主,十八年(730)亦为可突干所杀,大贺氏统治期于兹告终。

遥辇氏(730—907)

洼可汗——名屈列,可突干所立。时契丹与唐交恶,唐开元二十二年(734)契丹兵败,屈列与可突干俱死。

李过折——初与可突干“分典兵马”,后阴附唐军,乘可突干兵败之际,斩屈列及可突干。唐开元二十三年(735),拜松漠都督,封北平郡王,同幽州节度副大使,同年为“可突干余党”泥里所杀,泥里为辽太祖阿保机之七代祖。《辽史·世表》引萧韩家奴言:“先世遥辇可汗洼之后，国祚中绝，自夷离堇雅里（按即泥里）立阻午可汗，大位始定。"由是知过折非遥辇氏，而为大贺氏复辟势力之首领，过折与可突干之争即大贺氏旧贵与遥辇氏新贵夺统治权之争。

泥里——或作雅里、泥礼、涅礼，唐开元二十三年（735）杀李过折后授松漠都督，逊位于遥辇氏阻午可汗。

阻午可汗——名迪辇俎里（俎或作祖、组、糺），亦即李怀秀，泥里所立。唐天宝四载（745），授松漠都督，封崇顺王，尚静乐公主，同年杀公主叛。

李楷落——落亦作洛，本契丹"大首领"，曾于唐开元十年（722）使唐。天宝五载（746），因怀秀叛，唐更立楷落为松漠都督，封恭仁王。楷落似未取代怀秀，疑彼留唐未还，故其子光弼、光进、光颜皆仕于唐。

《辽史·世表》谓："自禄山反，河北割据，道隔不通，世次不可悉考。"

胡剌可汗——罗继祖《辽史校勘记》以为即楷落，据未足。

苏可汗

鲜质可汗——与辽太祖阿保机之父撒剌的同代。

昭古可汗——亦作嘲古可汗。

耶澜可汗——《辽史》以为耶澜可汗即唐会昌二年来附于唐之契丹酋长屈戌。屈戌拜云麾将军，守右武卫将军，受赐"奉国契丹"印。（《辽史》且谓屈戌授幽州节度使，误，详见冯家升《辽史初校》）会昌二年为842年，在辽太祖生年（唐咸通十三年，872）之前三十年，而早于耶澜可汗之鲜质可汗却与辽太祖之父同代（有关考证详见本书第四章第一节），由是知耶澜可汗必非屈戌，《辽史》之说不可信。

　　巴剌可汗——名习尔。

　　痕德堇可汗——名钦德，唐天复元年 (901) 立。至唐天祐四年（后梁开平元年，907），因庸弱不任事，遭罢免，八部酋长另选世里氏阿保机为可汗，遥辇氏统治期于兹告终。

附录二

隋唐时期契丹部落的数目

《隋书·契丹传》和《北史·契丹传》一致认定，契丹在隋代分为十部。这两种书都是唐初撰修的，记相去不远的事，一般较为可信。但是，十部与契丹传统的部数——八部不合，是什么原因使契丹原有的八部变成了十部？十部相互之间的关系又如何？这是我们所要了解的一个问题。由于十部名号失考，我们只能从当时契丹的行踪来探寻解答这个问题的线索。

契丹自从为北齐所破（事在北齐天保四年），继而又受到突厥侵凌，"部落离散，非复古八部矣！"（《辽史·营卫志》）有一部分沦落在突厥直接统治之下，另有一部分离群东走，寄居高丽，但其大部分则仍团集在一起，与突厥处在一种战和不定、叛服无常的关系中。

"开皇四年，（契丹）率诸莫贺弗来谒。五年，悉其众款塞，高祖纳之，听居其故地。"——这应该是团集在一起的那一部分契丹人。"其后，契丹别部出伏等背高丽，率众内附，高祖纳之，安置于渴奚那颉之北。"——这无疑是先前离群东走的那一部分契丹人。"开皇末，其别部四千余家背突厥来降，上方与突厥和好，重失远人之心，悉令给粮还本（疑有脱字），敕突厥抚纳之，固辞不去。"——这就是先前沦落在突厥直接统治之下的那一部分契丹人了。这样离而复合之后，契丹"部落渐众，遂北徙，逐水草，当辽西正北二百里，依托纥臣水而居，东西亘五百里，南北三百里，分为十部，兵多者三千，少者千余"。（俱见《隋书·契丹传》）显然，所谓十部是把两个一度失散的别部也计算在内的。如果单就开皇五年款塞来附的契丹部落集团而言，部落的数目还是只有八个。分为八部是契丹的一个强固传统，如果因为某种非常的缘故而损失了几个部落,它是必定会设法重整八部的。知道了契丹的这个传统,我们就容易理解,它在一部分西降突厥,一部分东投高丽之后,为什么还有八个部落了。

十部相聚的时间并不长久,大约只有五六年光景。隋大业元年,隋朝勾结突厥,大破契丹,俘斩四万口,消灭了近边放牧的几个契丹部落。契丹余众在唐初又重新组成八部,就是大贺八部。

大贺联盟继承了古老的传统,依旧分为八部,部号、州名俱载于史,这是无庸置疑的。但《辽史·营卫志》说:"唐世大贺氏仍为八部,而松漠、玄州别出,亦十部也。"这个说法能不能成立?有没有意义?让我们来考察一下吧!

"松漠"即松漠都督府,是在契丹归附唐朝之后设立的,其都督例从契丹大贺家族中选授。因此,关于松漠是否别出的问题,就归结到大贺家族是否在八部之外自成一部这一点上来了。考首任松漠都督窟哥之孙有二,其一继任都督,其二为弹汗州刺史。契丹诸州刺史例以本部酋长充任,弹汗州以纥便部置,由是可知,大贺家族是纥便部的贵族。纥便部正是大贺联盟八部之一,则显而易见,它并非在八部之外自成一部的。所以,《辽史·营卫志》把松漠都督府当作一个"别出"的部落是没有根据的。

玄州确不在八部九州岛之列,说它"别出"是不错的。但它是不是一个可以与八部相提并论的部落,就大有疑问了。在唐代,除了八部九州岛和玄州之外,还有以下几个州也是以契丹民户设置的,它们是:归诚州、归顺州、威州、带州、沃州、信州、昌州、师州。假如把这几个州也都看作是与八部并列的契丹部落,那么唐代契丹部落的数目就既不是八个,也不止十个,而是至少有十六七个了。事实上，这几个州里的契丹民户是零星归附唐朝的残部和小部，他们已经从契丹联盟中游离出来，而且多数已经徙居塞内。玄州亦如此，它是唐初以契丹酋长据曲所部设置的，在武后时移置塞内，隶幽州，在天宝年间还只有六百一十八户，一千三百三十三口（本段材料备见《旧唐书·地理志》）。把这样的一个州和有胜兵四万三千的大贺八部等同看待，显然是不恰当的。

根据以上的分析，我认为还是《唐书》讲得对，在大贺时期，契丹仍然分为八部。开元十二年，唐玄宗以绢绵五万段赐契丹，敕曰："契丹有八部落……"（《册府元龟·外臣部》）这也是一个有力的证据。

关于遥辇初期的部落数目，《辽史·营卫志》说：除八部外，"遥辇、迭剌别出，又十部也"。这个说法也不妥当，因为：第一，遥辇家族同大贺家族一样，不是一个部落，而是一个显贵家族；第二，迭剌部是在阻午可汗即位之后设立的，它在遥辇初期还根本不存在（详见本书第一章第三节）。

《辽史·营卫志》还说契丹在阻午可汗以后有二十部之多，这二十部的由来据说是这样的："分三耶律为七，二审密为五，并前八部为二十部。"《辽史》的撰修人常常把氏族、家族同部落混淆起来，有时对遥辇前八部同遥辇后八部的关系也分不清楚，这里说耶律氏族的三个家族分为七部，审密氏族的两个家族分为五部，另外还要加上遥辇前八部，一共凑成二十部，真是乱成一团了。如果把二十部的名号检查一下，可以发现，其中包括遥辇前八部、遥辇后八部、左大部、右大部以及两个据说是"佚名"的部。我们知道，辽初契丹也分为八部，其名号与遥辇后八部全同，当时遥辇前八部却影踪全无了。没有疑问，前八部与后八部不是并存而是前后相承的。至于两个佚名的部，它们在历史上没有留下丝毫活动的痕迹，令人无从究诘，可能根本就是子虚乌有之辈。剩下需要查考的，就只有左大部和右大部了。

左大部和右大部在辽朝成立之后也不复可见了，恰当其时有"二国舅升帐"。所谓二国舅，就是与世里家族世通姻谊的两个显贵家族。所谓升帐，就是从部落中分离出来成为享有特权的显贵家族。《辽史·营卫志》说："太祖二十部，二国舅升帐分，止十八部。"关于太祖二十部，详见本书第五章第一节。这里值得注意的是，因为二国舅升帐而减少了两个部落，就是说，两个部落的人都成了贵族，这是不可能的事。显然，《辽史》的撰修人在这里又把家族同部落混淆起来了。据《辽史·后妃传》，太祖应天皇后生于"契丹右大部"。据同书《地理志》，仪坤州"本契丹右大部地，应天皇后建州"。这两条史料提供了把左、右二大部同二国舅帐联系起来的线索。应天皇后的家族是国舅，则右大部是国舅帐或包含着国舅帐，与右大部并称的左大部也应该是国舅帐或包含着国舅帐。既然二国舅的升帐和左、右二大部的失踪发生在同一时候，我们就有理由设想，所谓左、右二大部就是后来成为国舅的两个家族，并非两个部落。

所以，我认为，在遥辇阻午可汗以后，契丹部落的数目仍然是八个。

附录三

辽、五代、北宋、金纪年对照表

公元	国号	帝号	年号	年数	国号	帝号	年号	年数
907		阿保机汗		元年	梁	太祖	开平	元年
908				2年				2年
909				3年				3年
910				4年				4年
911				5年			乾化	元年
912				6年				2年
913				7年		末帝		3年
914				8年				4年
915				9年			贞明	元年
916	契丹	太祖	神册	元年				2年
917				2年				3年
918				3年				4年
919				4年				5年
920				5年				6年
921				6年			龙德	元年
922			天赞	元年				2年
923				2年	唐	庄宗	同光	元年
924	契丹	太祖	天赞	3年				2年
925				4年				3年
926			天显	元年		明宗	天成	元年
927		太宗		2年				2年
928				3年				3年

公元	国号	帝号	年号	年数	国号	帝号	年号	年数
929				4年				4年
930				5年			长兴	元年
931				6年				2年
932				7年				3年
933				8年		闵帝		4年
934				9年		末帝	清泰	元年
935				10年				2年
936				11年	晋	高祖	天福	元年
937				12年				2年
938			会同	元年				3年
939				2年				4年
940				3年				5年
941				4年				6年
942				5年				7年
943				6年				8年
944				7年		出帝	开运	元年
945				8年				2年
946	契丹	太宗	会同	9年	晋	出帝	开运	3年
947	辽	太宗 世宗	大同 天禄	元年	汉	高祖	天福	12年
948				2年		隐帝	乾祐	元年
949				3年				2年
950				4年				3年

公元	国号	帝号	年号	年数	国号	帝号	年号	年数
951		穆宗	应历	元年	周	太祖	广顺	元年
952				2年				2年
953				3年				3年
954				4年		世宗	显德	元年
955				5年				2年
956				6年				3年
957				7年				4年
958				8年				5年
959				9年		恭帝		6年
960				10年	宋	太祖	建隆	元年
961				11年				2年
962				12年				3年
963				13年			乾德	元年
964				14年				2年
965				15年				3年
966				16年				4年
967	辽	穆宗	应历	17年	宋	太祖	乾德	5年
968				18年			开宝	元年
969		景宗	保宁	元年				2年
970				2年				3年
971				3年				4年
972				4年				5年

公元	国号	帝号	年号	年数	国号	帝号	年号	年数
973				5年				6年
974				6年				7年
975				7年				8年
976				8年		太祖 太宗	开宝 太平兴国	9年 元年
977				9年				2年
978				10年				3年
979			乾亨	元年				4年
980				2年				5年
981				3年				6年
982				4年				7年
983	契丹	圣宗	统和	元年				8年
984				2年			雍熙	元年
985				3年				2年
986				4年				3年
987				5年				4年
988	契丹	圣宗	统和	6年	宋	太宗	端拱	元年
989				7年				2年
990				8年			淳化	元年
991				9年				2年
992				10年				3年
993				11年				4年

公元	国号	帝号	年号	年数	国号	帝号	年号	年数
994				12年				5年
995				13年			至道	元年
996				14年				2年
997				15年				3年
908				16年		真宗	咸平	元年
999				17年				2年
1000				18年				3年
1001				19年				4年
1002				20年				5年
1003				21年				6年
1004				22年			景德	元年
1005				23年				2年
1006				24年				3年
1007				25年				4年
1008				26年			大中祥符	元年
1009				27年				2年
1010	契丹	圣宗	统和	28年	宋	真宗	大中祥符	3年
1011				29年				4年
1012			开泰	元年				5年
1013				2年				6年
1014				3年				7年
1015				4年				8年

公元	国号	帝号	年号	年数	国号	帝号	年号	年数
1016				5年				9年
1017				6年			天禧	元年
1018				7年				2年
1019				8年				3年
1020				9年				4年
1021			太平	元年				5年
1022				2年			乾兴	元年
1023				3年		仁宗	天圣	元年
1024				4年				2年
1025				5年				3年
1026				6年				4年
1027				7年				5年
1028				8年				6年
1029				9年				7年
1030				10年				8年
1031		兴宗	景福	元年				9年
1032	契丹	兴宗	重熙	元年	来	仁宗	明道	元年
1033				2年				2年
1034				3年			景祐	元年
1035				4年				2年
1036				5年				3年
1037				6年				4年

公元	国号	帝号	年号	年数	国号	帝号	年号	年数
1038				7年			宝元	元年
1039				8年				2年
1040				9年			康定	元年
1041				10年			庆历	元年
1042				11年				2年
1043				12年				3年
1044				13年				4年
1045				14年				5年
1046				15年				6年
1047				16年				7年
1048				17年				8年
1049				18年			皇祐	元年
1050				19年				2年
1051				20年				3年
1052				21年				4年
1053				22年				5年
1054	契丹	兴宗	重熙	23年	宋	仁宗	至和	元年
1055		道宗	清宁	元年				2年
1056				2年			嘉祐	元年
1057				3年				2年
1058				4年				3年
1059				5年				4年

公元	国号	帝号	年号	年数	国号	帝号	年号	年数
1060				6年				5年
1061				7年				6年
1062				8年				7年
1063				9年				8年
1064				10年		英宗	治平	元年
1065		咸雍		元年				2年
1066	辽			2年				3年
1067				3年				4年
1068				4年		神宗	熙宁	元年
1069				5年				2年
1070				6年				3年
1071				7年				4年
1072				8年				5年
1073				9年				6年
1074				10年				7年
1075			大康	元年				8年
1076	辽	道宗	大康	2年	宋	神宗	熙宁	9年
1077				3年				10年
1078				4年			元丰	元年
1079				5年				2年
1080				6年				3年
1081				7年				4年

公元	国号	帝号	年号	年数	国号	帝号	年号	年数
1082				8年				5年
1083				9年				6年
1084				10年				7年
1085			大安	元年				8年
1086				2年		哲宗	元祐	元年
1087				3年				2年
1088				4年				3年
1089				5年				4年
1090				6年				5年
1091				7年				6年
1092				8年				7年
1093				9年				8年
1094				10年			绍圣	元年
1095			寿昌	元年				2年
1096				2年				3年
1097				3年				4年
1098	辽	道宗	寿昌	4年	宋	哲宗	元符	元年
1099				5年				2年
1100				6年				3年
1101		天祚帝	乾统	元年		徽宗	建中靖国	元年
1102				2年			崇宁	元年
1103				3年				2年

公元	国号	帝号	年号	年数	国号	帝号	年号	年数
1104				4年				3年
1105				5年				4年
1106				6年				5年
1107				7年			大观	元年
1108				8年				2年
1109				9年				3年
1110				10年				4年
1111			天庆	元年			政和	元年
1112				2年				2年
1113				3年				3年
1114				4年				4年
1115				5年				5年
1116				6年				6年
1117				7年				7年
1118				8年			重和	元年
1119	辽	天祚帝	天庆	9年	宋	徽宗	宣和	元年
1120				10年				2年
1121			保大	元年				3年
1122				2年				4年
1123				3年				5年
1124				4年				6年
1125				5年				7年

1115	辽	天祚帝	天庆	5年	金	太祖	收国	元年
1116				6年				2年
1117				7年			天辅	元年
1118				8年				2年
1119				9年				3年
1120				10年				4年
1121			保大	元年				5年
1122				2年				6年
1123				3年		太宗	天会	元年
1124				4年				2年
1125				5年				3年